Parteifest

2,50

HERBERT STETTNER

PARTEIFEST

Eichborn Verlag

Frau Dr. Herta Däubler-Gmelin gewidmet. Die stellvertretende SPD-Vorsitzende erklärte in der BILD-Zeitung am 25. Oktober 1989: »Es reicht nicht, daß wir Weltmeister im Veranstalten von Grillfesten sind.«

CIP-Titelaufnahme der Deutschen Bibliothek

Stettner, Herbert:
Parteifest / Herbert Stettner. – Frankfurt am Main : Eichborn, 1991
ISBN ISBN 3-8218-1142-0

Umschlaggestaltung: Uwe Gruhle.
Satz: Fuldaer Verlagsanstalt GmbH.
Druck und Bindung: Offizin Andersen Nexö Leipzig GmbH.
ISBN 3-8218-1142-0.
Verlagsverzeichnis schickt gern:
Eichborn Verlag, Hanauer Landstraße 175, D-6000 Frankfurt 1

Am neunzehnten August, einem sonnigen Samstag, tigert Ulrich Boltz gegen sechzehn Uhr zum Heim der Arbeiterwohlfahrt in der Rothenheimer Landstraße, wo seit zwei Stunden ein Kinderfest seines SPD-Ortsvereins im Gange ist, das dem um neunzehn Uhr beginnenden Sommerfest der Partei vorausgeht. Als Vorsitzender der Rothenheimer Sozialdemokraten hätte Boltz zu gerne den Beginn des Kinderfestes miterlebt, zumal es das erste seines Ortsvereins ist. Er hatte jedoch noch an seiner Rede feilen müssen, die am Abend fällig war. Es sollte wieder eine mitreißende Ansprache werden, und bei der Suche nach treffenden Formulierungen und richtungweisenden Leitsätzen waren die Stunden rasch vergangen. Auch mit seiner Frau und der neunzehnjährigen Tochter hatte es zeitraubenden Ärger gegeben, denn der einundfünzigjährige städtische Rechnungsführer hatte nicht das geringste Verständnis dafür, daß die beiden Frauen keine Neigung zeigten, am Parteifest teilzunehmen, sondern gleich nach dem Mittagessen das Auto nahmen und zum Restaurant des Griechen fuhren, mit dem die Beamtentochter seit einiger Zeit ein Verhältnis unterhielt.

Starrköpfig mißachtet Boltz alle Ampelsignale.

Schimpfende Autofahrer bedenkt er mit dem Zuruf »Stinker«. Sie revanchieren sich mit »Penner«, »Spinner« oder »Selbstmörder«.

Etwas außer Atem und immer noch wütend, weil er auf das Auto verzichten mußte, erreicht Boltz das langgestreckte eingeschossige Haus der Arbeiterwohlfahrt und sieht zu seinem Erstaunen einen völlig menschenleeren Festplatz. »Seid ihr bei dem schönen Wetter mit den Kindern im Saal?« fragt er die ihm über den Rasen entgegenkommende junge Lehrerin Else Huth.

»Das Kinderfest ist fertig, und wir sind es auch«, lautet deren knappe Antwort.

Luise Metzger, die Frau des Arbeiterwohlfahrt-Vorsitzenden, kommt strahlend aus der Tür und triumphiert: »Gut hundert Kinder waren da, und du glaubst nicht, wie schnell Kuchen, Schokolade, Pommes, Cola und Fanta weggeputzt waren. Wie die Heuschrecken sind die über alles hergefallen, das kannst du dir gar nicht vorstellen, Ulrich.«

»Da hättest du bremsen müssen, Luise«, meint der Vorsitzende.

»Du hast gut reden. Wir waren ja nur zu fünft und davon nur zwei Männer.«

»Na, laß uns mal reingeh'n und in Ruhe miteinander reden, Luise.«

Drinnen im Saal sind Hausverwalter Erich Damann, Rentnerin Martha Lauer, die fünfunddreißigjährige Lehrerin Else Huth und der etwa gleichaltrige Sozialarbeiter Franz Meithner damit beschäftigt, Tische und Bänke aufzustellen.

Alle machen mürrische Gesichter. Luise Metzger drängt den Parteivorsitzenden zum Tresen in der hinteren Saalecke und ruft: »Kommt alle her, damit wir endlich was zu trinken kriegen.«

Meithner und Damann antworten wie im Chor: »Erst müssen wir das Transparent aufhängen.« An der Stirnseite des Raumes steigen beide auf Tische und befestigen am Vorhang ein Spruchband mit der Aufschrift »SPD: Gesicherte Zukunft«.

»Macht sich gut«, stellt Ulrich Boltz fest, »aber jetzt kommt endlich her und erzählt, wie es gelaufen ist.«

Luise Metzger legt sofort los: »Die sind hier eingefallen wie ein Heuschreckenschwarm. ›Bitte‹ ist für die ein Fremdwort. Die haben einfach frech zugegriffen, so schnell, daß wir völlig perplex waren. Wir hätten unsere Sachen nicht so offen hinstellen dürfen.«

Kopfschüttelnd meint die weißhaarige Martha Lauer: »Um zwei Uhr hätte man doch erwarten können, daß diese Plagen noch halbwegs satt sind vom Mittagessen daheim.«

»Nun laß mal, Martha«, beschwichtigt der Parteivorsitzende, »in dem Alter konnten wir alle nicht genug kriegen. Wie war's denn mit den Spielen?«

»Meine Angebote zum Sackhüpfen und zum Eierlaufen wurden total ignoriert«, gesteht Franz Meithner. »Die wollten Skateboard fahren und ferngesteuerte Miniautos.«

»Dann sollen diese Satansbraten zum ADAC-Fest gehen», entrüstet sich Boltz.

»Auch gestaltende Gymnastik und das Erraten von Tier- und Handwerksbewegungen hat die nicht interessiert«, jammert Meithner. »Fahrräder wollten sie. Daß unser Platz für Fußball und Tennis nicht ausreicht, haben sie erstaunlicherweise eingesehen.«

»Haltet das alles bitte schriftlich fest«, fordert der Vorsitzende, und der Sozialarbeiter lächelt verquält.

»Meine Lieder und Tänze sind auch nicht angekommen«, sagt der ergraute einstige Falkenfunktionär Erich Damann. »Als ich denen ›Unser die Sonne, unser die Erde‹ vorsang, kicherten sie, und einige unverschämte Rotznasen riefen sogar ›Aufhören!‹. Ich versuchte es noch einmal mit dem schönen Arbeiterjugendlied ›Wir kommen aus der dumpfen Stadt‹, doch sie machten weiter mit ihren Faxereien und warfen mit leeren Coladosen. Einer, wohl ein kleiner Italiener, wollte sogar meine Klampfe haben. Das muß man sich mal vorstellen!«

Stolz verkündet Luise Metzger: »Mein Mohrenkopfessen ohne Hände war ein voller Erfolg. Die zwölf Kartons waren im Nu leer. Ulrich, die Begeisterung hättest du sehen müssen.« »Das war eine Schweinerei«, erregt sich Lehrerin Huth, »Gesichter und Kleidung der Kinder waren entsetzlich beschmiert. Ich kann mir vorstellen, was die Kleinen daheim zu hören bekommen und was die Eltern über unsere Partei sagen werden.«

»So rücksichtslos darf man mit Nahrungsmitteln einfach nicht umgehen«, mahnt Sozialarbeiter Meithner.

Alle schweigen. Die Kritik saß.

»Komm, Martha«, unterbricht Vorsitzender Boltz die Stille, »gib uns noch ein Bier.« Die Bedienung funktioniert prompt. Alle greifen sich eine Flasche, nur Lehrerin Huth winkt ab.

»Was hast du denn, Else?« fragt der Vorsitzende.

»Auch mit den Getränken haben wir's übertrieben«, antwortet die Pädagogin, »mal pennen wir, mal überziehen wir's. Cola, Fanta, Kakao und dann noch die Fruchtsäfte, und alles nur in großen Flaschen. Die meisten Kinder hatten nasse Hosen, saßen auf dem kühlen Erdboden rum, und morgen haben sie dann Blasenerkältung.«

»Da kann ich doch nur lachen«, entgegnet Vorsitzender Boltz, »das ist doch ein Naturgesetz, liebe Else, was oben reinläuft, kommt unten wieder raus.«

Er nimmt einen kräftigen Schluck aus der Flasche und resümiert: »Leute, es war unser erstes Kinderfest, wir haben Erfahrungen gesammelt, und beim nächsten Mal machen wir's besser. Mit den Erwachsenen nachher kann uns so was nicht passieren.«

Die korpulente Luise Metzger von der Arbeiterwohlfahrt tarockt nach: »Mit deiner Schulmeisterei, liebe Else, bist du doch auch fürchterlich eingebrochen.«

»Das weiß ich«, faucht die Lehrerin, »aber wenn man mich mit den vielen Kindern an der Malwand nicht alleine gelassen hätte, wär das alles nicht passiert.«

»Was war denn mit den Künstlern?« will Boltz wissen.

»Die zehn Meter Bauzaun am neuen Bürgerhaus waren einfach zu wenig«, verteidigt sich die junge Lehrerin. »Als die Fläche vollgemalt war, wurde die Bande übermütig. Sie haben Farbtöpfe und Pinsel über den Bauzaun geworfen, an die frisch gestrichene Außenfront des neuen Bürgerhauses.«

»Das gibt morgen Ärger mit der Stadt«, meint Erich Damann, »und kommt uns als Partei gerade jetzt absolut ungelegen.«

»Das muß der Genosse Huber in Ordnung bringen«, sagt Vorsitzender Boltz, »der hat doch beste Beziehungen zur Bauverwaltung. Ich sehe mir den Schaden gleich mal an.«

»Du hättest aber nicht so hart reagieren sollen, Else«, wirft Franz Meithner ein, und seine dicken Brillengläser funkeln.

Mit der Frage »Was heißt hart?« setzt Boltz sein Verhör fort.

»Naja«, antwortet die Pädagogin gereizt, »ich hab' die Schmierfinken davongejagt.«

»Und das war dann auch das Ende vom Lied«, brummt Luise Metzger, »die ganze Meute rannte mit Gebrüll davon. Ein gelungener Abschluß war das gerade nicht, Frau Lehrerin.«

»Wenn ich einige Genossen als Mithelfer gehabt hätte, wär die Sache besser gelaufen«, zischt Else Huth, »aber um die Arbeit machen unsere Männer ja meist einnen großen Bogen.«

»Waren denn keine Eltern mit den Kindern gekommen?« will Boltz wissen.

»Nein«, giftet Erich Damann, »heutzutage denken doch schon die Hortkinder, sie seien volljährig.«

»Zeigt mir mal den Flurschaden«, befiehlt Boltz, greift sich eine Flasche Bier und alle marschieren durch die Hintertür an den Bauzaun der einstigen Pestalozzischule, die zum Bürgerhaus umgebaut wird.

Kopfschüttelnd betrachtet Boltz die Fratzen und monströsen Gestalten, die von den Kindern auf die Bretter des Bauzauns gemalt worden waren.

»Die haben zu viele Comic-Hefte«, bemerkt Franz Meithner.

»Außer Batman haben die nichts im Kopf«, schimpft Damann und meint ergänzend, »seht euch doch nur unsere Fußgängerunterführungen an, wie da die Wände beschmiert sind, vor allem in der Nähe von Schulen.«

»Alles wird uns Lehrern angelastet«, verteidigt sich Else Huth, »die Eltern haben wohl keine Verantwortung mehr?«

»Es waren halt zu viele Ausländerkinder dabei«, wirft Rentnerin Lauer in die Debatte.

»Fangt jetzt nicht wieder mit dem Thema an«, sagt Sozialarbeiter Meithner, »damit haben wir uns den letzten Frühschoppen schon total versaut.«

»Trotzdem«, meint Boltz bedächtig, »wie das mit denen bei uns noch werden wird, das frage ich mich wirklich.«

Entgeistert starren die Festveranstalter auf die mit roten, schwarzen, grünen, blauen und braunen Klecksen verunstaltete Fassade des neuen Bürgerhauses. Das bunte Durcheinander von Flecken und Streifen gibt dem spätklassizistischen Formen nachempfundenen Bau das Aussehen eines mißratenen Zuckerbäckerwerks.

»Wahrhaftig, man müßte die Väter und Mütter dieser Ferkel herholen und sie das wegputzen lassen«, schimpft der Beamte Boltz.

»Nun laß mal, Ulrich«, wiegelt Hausverwalter Damann ab, »für heute wird es ja nun bald dämmrig, da fällt das nicht mehr auf. Morgen finden wir bestimmt einen Ausweg. Unser Ewald wird schon helfen, und außerdem hat die Arbeiterwohlfahrt ja eine Haftpflichtversicherung.«

Ein Aufatmen geht durch die Runde, dann hört man schrille Kinderstimmen. Drei Knirpse sind noch einmal zurückgekommen und schreien: »Luftballons ... Luftballons ... Luftballons!«

Die alte Luise Metzger schmunzelt über die kleinen noch mit Schokolade beschmierten Unholde. Mit der Aufforderung »Kommt mit, meine Lieben, ich hab' noch welche für euch«, eilt sie mit den Kindern ins Haus.

Dieses Bild nötigt sogar den Funktionären ein Lächeln ab. Als alle wieder im Saal versammelt sind, fragt Boltz die Frau des Vorsitzenden der Arbeiterwohlfahrt: »Sind wir alle Luftballons losgeworden?«

»Alle fünfhundert sind weg«, meldet Luise, »und auf jedem steht ›SPD: Gesicherte Zukunft‹.«

»Unser Slogan schwebt jetzt also fünfhundertmal durch die Stadt«, stellt Boltz fest und strahlt, »das ist doch ein Erfolg für die Partei! Darauf spendiere ich einen Klaren.«

»Laß mal, Ulrich«, wendet Erich Damann ein, »wenn mich nicht alles täuscht, kommen da schon die ersten Gäste, und wir haben noch einiges vorzubereiten.«

Mit einem lauten »Hallo, Freunde!« eilt Vorsitzender Boltz dem Eingang zu und schüttelt die Hände der Ankommenden, darunter Matthias Schacht, pensionierter Straßenbahner und verantwortlich für die Musikunterhaltung beim Parteifest. Etwas außer Atem keucht er: »Ulrich, bitte, helf mir meine Hammondorgel auszuladen.«

Behutsam heben beide das Instrument aus dem mit Aufklebern dekorierten VW-Wohnmobil, mit dem das reiselustige Ehepaar Schacht schon durch ganz Europa kutschiert ist. Auf dem Weg zum Haus klatschen einige Festbesucher den Lastträgern Beifall. Ein würdiger alter Herr in hellem Leinen und mit Strohhut, meint bewundernd: »So einen zupackenden Vorsitzenden macht uns keiner nach.«

Auf der Rasenfläche neben dem Haus baut Gottfried Leinberger, Lagerverwalter bei den Städtischen Küchenbetrieben, seinen Grill auf, und seine Frau packt Pappteller und Plastikbestecke aus. Am Hauseingang machen SPD-Vorsitzender Boltz und Arbeiterwohlfahrt-Chef Paul Metzger die Honneurs. Den ehemaligen Stadtverordneten Ewald Huber führt Boltz sofort hinters Haus, um ihm den Schaden an der neuen Bürgerbegegnungsstätte zu zeigen. Schon nach wenigen Minuten kommen beide gut gelaunt zurück, ein sicheres Indiz dafür, daß zur Regulierung des Schadens eine Lösung angepeilt wird, die den Ortsverein Rothenheim nicht in Bedrängnis bringt. Hubers für alle vernehmbaren Worte: »Auf die Presse habe ich natürlich keinen Einfluß«, lassen den Vorsitzenden sofort wieder ein nachdenkliches Gesicht machen. Die Umstehenden wollen wissen, was passiert ist, und die Nachricht von der »Kunst am Bau« treibt viele Neugierige an den Tatort.

»Empörend!«, »Abscheulich!«, »Unverantwortlich!« hört man aus der Runde. Die neunundachtzigjährige Parteiveteranin und einst aktive Arbeitersportlerin Gertrud Neubauer überrascht alle mit der kühlen Feststellung: »Daß die Kleinen so weit und so hoch werfen können, finde ich brillant.« Das wird als Provokation empfunden. Allen verschlägt's die Sprache. Nur der modisch gekleidete Alte mit Strohhut entrüstet sich: »Das ist eine vorsätzlich begangene besonders schwere Sachbeschädigung, verehrte Genossin Neubauer!«

»Hast du vergessen, daß unsere Generation ganz andere Schäden angerichtet hat?« entgegnet die zierliche Frau und geht streibar ein paar Schritte auf ihn zu. Als der betagte Dandy nach Luft schnappt und keine Antwort zustande bringt, lächelt die Altemanzipierte und meint: »Spar deine Energie, Genosse Hauptmann a. D., bis ich dich nachher zum Tanzen hole.«

Sofort wird gekichert und gelacht, und auch der mit dem Strohhut schmunzelt, zieht ein Etui aus der Jackentasche und zündet sich würdevoll eine Zigarre an.

Wortlos streben alle zum Festplatz zurück, wo über Leinbergers Grill schon Rauch aufsteigt.

An den Tischen direkt vor dem Haus ist kaum noch Platz. Auf der schmalen Veranda stimmt Matthias Schacht seine Orgel, und daneben steht, fast majestätisch, der Vorsitzende Boltz, in der linken etwas zitternden Hand das Redemanuskript. Ein Räuspern ist das mit dem Musiker verabredete Signal für einen kräftigen Tusch, Boltz lächelt nach allen Seiten und beginnt seine Rede vorzulesen:

»Liebe Rothenheimer, liebe Genossinnen und Genossen! Zum zehnten Mal feiern wir unser Parteifest, und ich darf euch zu diesem Jubiläum im Namen des Vorstands des Ortsvereins Rothenheim der Sozialdemokratischen Partei Deutschlands ganz herzlich willkommen heißen. Es freut mich riesig, daß wieder so viele Mitglieder und Freunde unserer Partei gekommen sind, damit wir gemeinsam ein paar schöne Stunden erleben können. Ihr werdet verstehen, daß ich nicht alle Anwesenden namentlich begrüßen kann.«

Dem Redner wird ein Zettel gereicht. Es gibt eine Unterbrechung.

»Was lese ich da zu meiner Freude, sechsundachtzig Besucher sind bereits da, aber es werden bestimmt noch mehr, verlassen Sie sich drauf.

Einige besonders liebe Gäste haben eine Hervorhebung verdient. In unserer Mitte ist Ewald Huber, der sechzehn Jahre unser Stadtverordneter war. Alle hier kennen diesen altgedienten Mitstreiter, der vier Legislaturperioden die Belange der

Bürger unseres Wohnbereichs im Stadtparlament vertreten hat. Mein lieber Ewald, du hast aus gesundheitlichen Gründen bei der letzten Kommunalwahl nicht mehr kandidiert, und wir haben dafür volles Verständnis. Mit ganzer Hingabe hast du dich viele Jahre für unsere gute Sache aufgeopfert, hast enorme Erfolge erzielt bei der Aufwärtsentwicklung unseres Stadtteils, und dafür schulden wir dir herzlichen Dank und höchste Anerkennung.«

Da niemand klatscht, verzichtet Boltz auf die dafür eingeplante Unterbrechung seiner Rede und liest weiter: »Die Krönung deiner Arbeit, lieber Ewald, ist der Umbau der ehemaligen Pestalozzischule zu einem Bürgerhaus.«

Jetzt gibt es viel Beifall, und Boltz ruft mit erhobener Stimme: »Bitte, komm doch mal nach vorn, lieber Ewald!« Huber, der kleine dickliche Sechziger, schreitet würdig zur Veranda, Boltz beugt sich herab, schüttelt dem Beklatschten die Hand und überreicht ihm einen großen Strauß roter Nelken.

»Ewald, wir danken dir für deinen allzeit aktiven Einsatz im Dienste der Allgemeinheit«, tönt Vorsitzender Boltz, und der Musiker Schacht traktiert seine Orgel. Huber genießt den Beifall und stolziert an seinen Platz zurück, wo Luise Metzger, die Frau des Arbeiterwohlfahrt-Vorsitzenden, schon einen Sektkübel für den Nelkenstrauß bereitgestellt hat.

»Einen ganz besonders herzlichen Gruß entbiete ich unserem Genossen Paul Metzger«, setzt Boltz seine Rede fort. »Dir, lieber Paul, verdanken wir es, daß wir unser Parteifest wieder in diesem schönen Zentrum der Arbeiterwohlfahrt durchführen können. Dir, deiner lieben Frau und deinen fleißigen Helferinnen und Helfern, mein lieber Paul, danken wir von ganzem Herzen.«

Als der Beifall vorüber ist, schiebt Boltz die Bemerkung nach: »Was meint ihr wohl, wie Paul und ich mich erst freuen, wenn wir heute abend einige neue Mitglieder in die SPD und die AW aufnehmen können.«

Der Redner holt tief Luft: »Was wir vor allem brauchen, sind junge Leute, und unser Fest ist bestimmt eine günstige Gelegenheit, sich für unsere gute Sache zu begeistern.«

Boltz macht wieder eine Pause, blättert um und fährt fort: »Als unsere neue Stadtverordnete begrüße ich unsere Genossin Wilma Grünewald. Mit ihr ist eine Frau und Vertreterin der jungen Generation ins Stadtparlament eingezogen.« Es wird wieder geklatscht, und Boltz verkündet mit erhobener Stimme: »Das darf uns alle mit Stolz erfüllen, und wir sind fest davon überzeugt, daß auch unsere neue Stadtverordnete die Belange der Rothenheimer Bevölkerung mit Erfolg vertreten und verfechten wird. Viel Glück, liebe Wilma, bei deiner verantwortungsvollen Tätigkeit.«

Matthias Schacht läßt wieder seine Hammondorgel ertönen, doch viel Beifall kommt nicht auf.

Boltz ordnet nervös sein Manuskript, findet offenbar den Anschlußtext nicht gleich, und das Schreien eines Kindes stiftet zusätzlich Unruhe. Alle schauen zu der jungen Mutter, die mit dem Plärrer unterm Arm ins Haus Richtung WC eilt.

»Ist das Kinderfest denn immer noch nicht zu Ende?« fragt der Redner, und sein dabei zur Schau gestelltes Lächeln ist wie weggewischt, als einer laut »Nein« ruft. Reihum wird gelacht, und Boltz findet endlich die gesuchte Textstelle: »Ein herzliches Willkommen gilt auch unserem Genossen Ludwig Schönfelder, dem Vorsitzenden der Kleingartengemeinschaft Rothenheim e. V., bei deren Erntedankfest sich viele unserer heutigen Gäste wieder begegnen werden.«

Der Organist tuscht nicht mehr, und Boltz sagt etwas verlegen: »Unseren Landtagsabgeordneten Alfred Reichel kann ich leider noch nicht begrüßen. Er wird etwas später zu uns stoßen. Am Grill stehen wieder Gottfried Leinberger und seine Frau, und Martha Lauer sorgt dafür, daß alle ihren Durst stillen können. Dank euch allen für eure leckeren Sachen. Große Dankbarkeit schulden wir den Genossinnen und Genossen, die heute mittag hier unser Kinderfest durchgeführt haben. Trotz mancher Schwierigkeiten wurde es ein schöner Erfolg. Wir hatten über hundert fröhliche kleine Besucher, und mit auf den Heimweg nahmen sie fünfhundert Luftballons mit unserem Slogan ›SPD: Gesicherte Zukunft‹, der uns bei den Kommunalwahlen vor drei Wochen siegreich zum Erfolg führte und unsere Gegner schlecht aussehen ließ. Die heutige Luftballonaktion unserer Rothenheimer Kinder ist ein schöner Auftakt für den Landtagswahlkampf im kommenden Jahr. Dank gebührt auch allen Wahlhelfern für ihre aufopferungsvolle Arbeit. Und nun komme ich endlich zum Schluß. Jetzt ist unser Konzertmeister Matthias Schacht am Zug. Ich wünsche Ihnen allen einen vergnüglichen Sommerabend.«

Einzelne klatschen. Paul Metzger schaltet die bunten Lämpchenketten an, und Alt-Falke Erich Damann eilt mit seiner Klampfe nach vorn, um lautstark das alte SPD-Lied ›Brüder zur Sonne, zur Freiheit‹ anzustimmen. Einige Genossen lassen sich mitreißen, aber sie kommen nur bis ›zum Lichte empor‹, denn da haut Matthias Schacht kraftvoll in die Tasten seines Instruments. Mit dem Tango »Tanze mit mir in den Morgen, tanze mit mir in das Glück« wird der festliche Abend begonnen. Unter den ersten, die tanzen, sieht man die neunundachtzigjährige, aber immer noch recht sportliche Parteiveteranin Neubauer und den wohl kaum viel jüngeren weißgelockten einstigen Offizier.

Damann ist sauer, weil es ihm nicht gelungen war, das Fest mit einem politischen Lied zu eröffnen. Am liebsten ginge er nach Hause, doch die Tanzenden versperren ihm den Weg zum Ausgang, und so muß er notgedrungen an der Veranda ausharren. Belustigt betrachtet er einige unbeholfen Tanzende, und er staunt über das Seniorenpaar Neubauer-Lunkwitz, das eine kesse Sohle aufs knarrende Bretterparkett legt. Der Schwung der beiden Alten animiert den eben noch verärgerten Damann, die Melodie mit seiner Klampfe zu begleiten. Bravourös läßt Schacht sein Instrument ausklingen, alle klatschen, und die Tanzpaare streben an die Tische zurück. Damann wartet, bis alle sitzen, läßt sich von Schacht das Mikrophon herunterreichen und unternimmt einen zweiten Versuch, das Fest musikalisch zu politisieren. Mit der Aufforderung »Aber jetzt bitte alle!« beginnt er das neue Parteilied »Weiches Wasser hölt den Stein« zu singen. Engagiert schlägt er die Saiten, doch er erntet nur Gelächter.

»Dann eben nicht!« schreit Damann mit feuerrotem Kopf, rennt wütend ins Haus und ist nahe daran, dem Parteifest den Rücken zu kehren. Sein Pflichtbewußtsein als Hausverwalter vertreibt den Gedanken wieder. Im Büro packt er seine Klampfe ins Futteral und stellt sie in den Kleiderschrank. Wieder im Saal, sieht er, daß an der Theke beide Wasserhähne laufen. Er dreht sie zu und schimpft: »Immer müssen die aus dem vollen schöpfen!«

Franz Meithner, Sozialarbeiter in einer evangelischen Behindertenwohnanlage, geht auf ihn zu:

»Bitte, Erich«, sagt er und packt Damann sanft am Arm: »Komm doch wieder raus. Ulrich hat der unverschämten Bande kräftig den Marsch geblasen. Die haben dir gegenüber jetzt ein schlechtes Gewissen.«

»Das ist immer noch besser als gar keins«, murrt der Gekränkte, wartet, bis draußen wieder die Hammondorgel spielt, und mischt sich dann unter die Gäste.

Am Grillplatz studiert er Leinbergers Angebote. Dem Steak für vier Mark mißtraut er, Schmalzbrot darf er nicht essen, aber die kastanienbrauen Bratwürste gefallen ihm: »Gib mir ein Paar Thüringer, Gottfried.«

Er legt zwei Mark hin, Leinberger reicht ihm den Pappteller mit den Würstchen, legt ein Brötchen drauf, grinst und fragt hämisch: »Sag, Erich, wie heißt das neue Parteilied, ›Geseichtes Wasser schmeckt nicht fein‹?«

Leinbergers Frau, die gerade Rindswürste in den Topf legt, haut den Deckel drauf und fährt ihren Mann voller Entrüstung an: »Laß das, Friedel, es sind doch auch Fremde hier!«

»Na und«, entgegnet der Lagerverwalter der städtischen Küchenbetriebe, »solange die Kerle bei mir zahlen, ist mir's egal, was sie wählen.«

Damann ist schon auf dem Weg zum Ausgang und verschlingt seine Würstchen. Das klare Bekenntnis des Beamten bekam er nicht mehr mit.

Am Tor läßt Erich einigen ankommenden Besuchern den Vortritt, darunter Petra Lorenz von den Jusos. Als er die Eisentür hinter sich schließen will, fällt ihm auf, daß der eine Pfosten in seiner Bodenverankerung wackelt. Während er den Schaden genauer betrachtet und sich vornimmt, ihn morgen mit Zement zu beheben, hört er Paul Metzger sagen: »Nimm's nicht so tragisch, Erich, bleib hier. Das neumodische Lied vom weichen Stein, oder wie das heißt, ist doch schon beim Parteijubiläum nicht angekommen. Die Älteren mögen diesen verseichtelten Kram eben nicht.«

»Hör mir mit denen auf. Die haben unsere alten Lieder vergessen, und was Neues lernen wollen sie auch nicht. Am liebsten singen die ›Es gibt kein Bier auf Hawaii‹, aber ohne mich, das sag ich dir.«

»Hast ja recht, Erich, aber so sind die Leute hier in Rothenheim nun mal.«

»Mag schon sein, aber sollen wir sie so lassen, wie sie sind?«

»Nein, Erich, aber gerade deshalb müssen wir uns doch um sie kümmern. Komm zum Festplatz zurück. Du hättest den Beifall hören sollen, als Ulrich deine Verdienste um die Partei und die Arbeiterwohlfahrt würdigte. Er will ein Bier mit dir trinken. Ich soll dich holen.«

Ein silbergrauer Mercedes fährt vor. Ihm entsteigt der Landtagsabgeordnete Alfred Reichel. Er gibt Paul und Erich flüchtig die Hand und eilt zum Festplatz.

Als der AW-Vorsitzende und sein Hausmeister dort ankommen, beendet Boltz seinen Willkommensgruß für den Abgeordneten: »Lieber Alfred, mit dir in unserer Mitte fühlen wir uns stark, um nach der gewonnenen Kommunalwahl auch die Landtagswahl im kommenden Jahr erfolgreich bestehen zu können.«

Schacht tuscht auf seiner Orgel, und viele klatschen.

Der schlanke Mitfünfziger hebt beschwichtigend die Hände und sagt: »Keine Angst, liebe Genossinnen und Genossen, verehrte Anwesende, ich will jetzt keine lange Rede halten. Ich komme aus einer anstrengenden Fraktionssitzung, und die habe ich nur durchgehalten, weil ich wußte, daß mich heute abend hier in meinem Wahlkreis noch ein schönes Fest erwartet. Nun bin ich endlich bei euch Rothenheimern, und mit unserem großen

Dichter möchte ich euch zurufen: ›Hier bin ich Mensch, hier darf ich's sein!‹«

Musikant Schacht intoniert »Horch, was kommt von draußen rein ...« Reichel winkt in die Runde, setzt sich neben Boltz auf die Bank, wo AW-Chef Metzger sich eilfertig den letzten freien Platz erobert.

Erich Damann steht daneben, wartet auf das von Boltz versprochene Bier, doch der nickt nur beiläufig, ruft: »Später, Erich«, und beginnt sofort ein Gespräch mit Reichel. Erich merkt, daß er hier jetzt überflüssig ist.

Von Schacht kommt das Tanzangebot »Rosamunde, schenk mir dein Sparkassenbuch. Rosamunde, zehntausend Mark sind genug ...« Damann graust's. Er macht Petra Lorenz Platz, die mit einem Pappteller in der Hand einen Weg durchs Gedränge sucht.

»Das ist Spießbraten, Erich, komm mit, wir haben einen Tisch hinten bei den Mülltonnen.«

»Wer ist wir?«

»Na, die Jusos.«

Damann folgt ihr. Von den drei jungen Leuten, die da sitzen, kennt er keinen. Petra schiebt einige leere Gläser und Teller beiseite, deutet auf Damann und sagt: »Das ist Erich, die Seele des Hauses.«

Die verträumt wirkenden Jungs nicken freundlich, und Petra fragt unwirsch: »Habt ihr nicht Bier holen wollen?«

Der Bärtige in der hellbraunen Lederjacke stemmt sich mühsam hoch, kramt in seinen

Taschen, wirft Petra einen flehentlichen Blick zu, und da schiebt sie ihm auch schon einen Zehnmarkschein über den Tisch.

»Du hast's erfaßt«, sagt der Bierholer, greift den Schein, lacht und macht sich auf den Weg.

»Nimm die leeren Flaschen mit«, befiehlt Petra, und der Lange mit dem Backenbart gehorcht prompt.

Die Juso-Genossin beginnt, ihren Spießbraten zu verzehren, und fordert den ihr gegenüber sitzenden Jüngling auf: »Los, Berti, sag Erich Damann, was du aus dem Altenheim der Arbeiterwohlfahrt gehört hast.«

»Da soll 'ne miese Stimmung sein, Genosse Damann«, sagt der Blonde und spielt mit seinem Halskettchen.

Erich begnügt sich mit einem »Wieso?«

»Na, hör mal, die Heimleiterin entlassen, der Bezirksgeschäftsführer gefeuert, die Vorsitzende zurückgetreten, das bringt Unruhe bei den Heimbewohnern.«

»Schon möglich, ich hab' kaum Kontakt mit den Leuten im Heim.«

»Ich denk, du bist der Hausverwalter?« wirft Petra ein.

»Ja, aber doch nur für unseren Stadtteiltreffpunkt hier in der Rothenheimer Landstraße, wo die Sozialberatung stattfindet. Fürs Altenheim bin ich nicht zuständig. Das ist alleine Sache des Bezirks.«

Der Bierholer kommt zurück, stellt sechs Flaschen auf den Tisch und sagt: »Verzeiht, ich hab' mir erst noch 'ne Wurst genehmigt.«

Damann greift sich ein Bier, Schacht stimmt auf seiner Orgel den Jäger aus Kurpfalz an, und Petra nörgelt: »Lambada wär' mir lieber.«

Berti preßt beide Hände um seine Bierflasche: »Aber Genosse Damann, über die Millionenschulden der AW und ihre krummen Geschäfte wird doch in allen Blättern, im Radio und im Fernsehen laufend berichtet.
Daß die alten Leutchen im Heim da befürchten, nach der Neue-Heimat-Pleite und dem Coop-Desaster sei jetzt die AW dran, das ist doch begreiflich.«

»Bedenk doch, Erich, wie das auf die Gruftis wirkt«, meint Petra, »die haben doch Angst um ihre vorletzte Bleibe.«

»Also, das Wort Grufti, das will ich bei uns nicht hören«, entrüstet sich Damann, »das ist original SS-Jargon aus Auschwitz! In der Tonart laß ich mit mir nicht reden!« Sagt's, steht auf und geht.

Er läuft am Jägerzaun entlang, hebt eine leere Colabüchse auf, geht zum Haus zurück und wirft sie dort in einen blauen Müllsack. Hier an der Schmalseite des Heims hat Hans-Peter Förster, der Witzbold des Ortsvereins, die Tische mit seinen Spielangeboten aufgestellt.

»Komm her, Erich«, ruft der kleine Dicke, »mach auch mal dein Glück!«

Ein junges Pärchen versucht sich beim Würfelspiel.

»Kräftig schütteln«, rät Förster, »achtzehn gewinnt.«

Ludwig Schönfelder, der Vorsitzende des Kleingartenvereins, schaut belustigt einem schmächtigen jungen Mann zu, der sich beim Nagelklopfen auf die Finger gehauen hat.

»Auf, Erich«, ruft Förster, »mach doch mal Erbsen- oder Pfennigraten. Was meinst du, wieviel drin sind in 'ner Literflasche?«

»Siebenundneunzigmarkzwoundachtzig waren es wohl im vorigen Jahr.«

»Mag sein, Genosse«, entgegnet Förster feixend, »aber diesmal hab' ich 'ne Dreiliterflasche.«

»Ich brauch jetzt erst mal 'ne andere Flasche«, sagt Damann. Dem Kleingartenvereinschef Schönfelder zugewandt, witzelt Förster: »Ja, mit den Flaschen, das ist immer relativ. Fünf Flaschen im Keller ist relativ wenig, aber fünf Flaschen im Magistrat, das ist relativ viel.«

Auch Damann muß lachen. Er steuert die Platzmitte an, wo er Paul Metzger erspäht hat.

Der Orgelspieler hat jetzt »Du, du liegst mir im Herzen« drauf. Erich kann wieder nicht an Paul Metzger herankommen, der auf Ulrich Boltz einredet und einen Arm auf Konrad Hofferberts Schulter gelegt hat. Damann zwängt sich aufs knappe freie Ende einer Bank und wartet auf eine günstige Gelegenheit, um mit Metzger sprechen zu können. Unter den Tanzenden sieht er wieder die unermüdliche Veteranin Gertrud Neubauer mit dem strammen Genossen Lunkwitz. Das raumgreifende Temperament der beiden zwingt die anderen Paare, Abstand zu halten.

Nach dem Tanz legt Schacht eine Pause ein, und

während die Paare zu ihren Plätzen, zum Grill und zum Ausschanktisch drängen, gehen Boltz und Hofferbert zur Treppe an der kleinen hölzernen Veranda. Es kommt ein Tusch, und der Ortsvereinsvorsitzende greift zum Mikrophon:

»Liebe Genossinnen und Genossen, liebe Freunde, ich möchte die Gelegenheit benutzen und vier neue Mitglieder in unserem Ortsverein herzlich willkommen heißen. Es sind die Genossinnen Berta Strauch und Ilona Schanzenbach sowie die Genossen Alexander Kleinich und Viktor Taube. Sie sitzen dahinten bei unserer Kassiererin Steffi. Bitte erhebt euch mal.«

Sie tun es.

»Wir freuen uns alle über euren politischen Bekennermut, und wir sind glücklich darüber, euch als neue Mitglieder für den Ortsverein Rothenheim gewonnen zu haben. Wir hoffen zuversichtlich, daß ihr euch an unserem Parteileben rege beteiligt. Hier bei unserem Parteifest habt ihr die beste Gelegenheit, in fröhlicher Runde unsere festgefügte Gemeinschaft zu erleben und in ihr heimisch zu werden.«

Schacht spielt einige Takte von »Du, du liegst mir im Herzen«, es wird kräftig geklatscht, die Neuen setzen sich wieder, und Boltz fährt fort:

»Diese vier Neuaufnahmen verdanken wir der aktiven Werbearbeit unseres langjährigen Genossen Konrad Hofferbert. Lieber Konrad, du hast in den letzten Monaten insgesamt vierzehn neue Parteimitglieder geworben, zehn davon wohnen leider in anderen Ortsvereinen, was sicher nicht nur die Kassiererin bedauert, doch vier gehören zu Rothenheim, und ich darf dir auch im Namen unseres Unterbezirksvorsitzenden Heinz Dörrstein, der eigentlich auch hier sein wollte, ganz, ganz herzlich danken für deinen vorbildlichen Einsatz zur Stärkung unserer Partei. Du bist ein vortrefflicher Werber für unsere gute Sache. Als Zeichen des Dankes überreiche ich dir das Buch ›Willy Brandt ... Auf der Zinne der Partei ... Parteitagsreden neunzehnhundertsechzig bis neunzehnhundertdreiundachtzig‹. Das Buch ist von unserem Ehrenvorsitzenden handsigniert. Möge deine Leistungsstärke, lieber Konrad, uns alle zu gleicher Kraftentfaltung anspornen.«

Boltz drückt Hofferbert die Hand, übergibt ihm das Buch und Schacht intoniert »Im grünen Wald, dort wo die Drossel singt«.

Damann steht auf, blickt suchend umher, kann aber seinen AW-Vorsitzenden nirgends entdecken. Er geht zum Ausschank, wo Luise Metzger und Martha Lauer ihres Amtes walten.

Dort steht Hans-Peter Förster neben einigen Zechern. Als er Damann sieht, ruft er:

»Erich, komm her, trink einen mit mir.«

»Was ist, Hans-Peter, hast du deinen Spielsalon schon geschlossen?«

»Der Andrang war so erdrückend, daß ich die Kasse in Sicherheit bringen mußte.«

»Du hast wohl auch den Eindruck, daß die Stimmung flau ist?«

»Nach dem Straßenfest, der Kirmes, dem Stiftungsfest der Turner und dem Brunnenfest ist es für die Partei halt schwer, die Lacher noch mal auf ihre Seite zu kriegen.«

»Steffi Brendel meint, es seien etwa hundertfünfzig Besucher da.«

»Vergiß nicht, Erich, wir haben hundertneununddreißig Mitglieder.«

»Hast du die vier Neuaufnahmen dazugezählt?«

»Mach ich später, Erich. Sag mal, der Hofferbert, der ist doch beim Wohnungsamt?«

»Soviel ich weiß, ja.«

»Ob der bei seinen vierzehn Neuerwerbungen vielleicht etwas nachgeholfen hat?«

»Wie meinst du das?«

»Na, erinnere dich doch mal an den Superstar, den sie vor ein paar Jahren beim Unterbezirksparteitag für sechsundfünfzig Neugeworbene geehrt haben. Später stellte sich heraus, daß er im Stadtkrankenhaus die Betten verwaltet und manche Oma erst aufnahm, nachdem der Sohn die Beitrittserklärung unterschrieben hatte. Bei der Wohnungsvergabe könnte man doch den gleichen leisen Vorbehalt machen.«

Förster grinst, zieht einen Flachmann aus der Tasche, hält ihn Erich hin, doch der wehrt ab und entgegnet voller Entrüstung: »Was du da sagst, geht entschieden zu weit.«

»Zu weit, zu weit, hat die Partei nun ein Fernziel oder nicht?«

Damann leert seine Bierflasche und meint im Gehen: »Du solltest mal einen Kappenabend für die Partei machen.«

»Also noch ein Fest«, erwidert Förster und saugt

die letzten Tropfen aus seinem Flachmann. Erich Damann treibt es zum WC.

An der Treppe zum Saal herrscht Gedränge. Einer verlangt von Schacht: »Spiel doch mal ›Keine Oma kann Lambada‹«, doch der Mann an der Hammondorgel stellt sich taub und entscheidet sich für »Warum weinst du, holde Gärtnersfrau?«.

Damann muß warten und hört am Tisch vor der Veranda den Genossen Meinhardt wettern: »Siegreich zum Erfolg wie bei der Kommunalwahl, brüstet sich der Boltz, da kann ich doch nur weinen. Ein ganzes Prozent haben wir gewonnen. Den Fünfprozentverlust der CDU hat ganz die NPD eingeheimst, die auf Anhieb mit zehnkommadrei Prozent ins Stadtparlament einzieht. Das ist doch eine Schande für unsere Stadt und für die Partei.«

»Aber die FDP mit vierkommazwo Prozent bleibt jetzt draußen«, wendet einer ein.

»Was haben wir davon?« entgegnet Meinhardt, »jetzt sind wir ganz auf die Grünen angewiesen.«

Liesel Häusler stellt ihre Bierflasche mit Wucht auf den Tisch und protestiert: »Die stehen uns doch auch näher als die sogenannten Liberalen!«

»Bei Bau-Steine-Erden sehen wir das etwas anders«, entgegnet Gewerkschaftssekretär Meinhardt, »diese Körnerfesser sind gegens Bauen, egal ob's Straßen sind oder Hochhäuser. Denen sind unsere Arbeitsplätze scheißegal.«

Erich Damann hätte gute Lust sich einzumischen, doch er folgt seinem anderen Drang.

Einer im Trachtenanzug sagt: »Den höchsten

Stimmenanteil hat die NPD in Rothenheim mit vierzehn Prozent in den Hochhäusern am Alten Stein, und da wohnen fast nur Arbeiterfamilien und Problemfälle.«

»Das ist es ja«, trumpft Meinhardt auf, »um unsere ureigenste Klientel kümmern wir uns ja nicht mehr. Wir laufen den jungen Aufsteigern nach, aber die warten nicht auf uns.«

»Was heißt hier Problemfälle«, entgegnet Luise Häusler, die Genossin mit den Sommersprossen. »Ich war als Helferin im Wahllokal in der Marienkirche. Das ist ein reines Villenviertel, und da hat die NPD auch satte neunkommaacht Prozent erreicht. Die Neonazis haben überall abgesahnt, bei den Arbeitslosen und bei den Wohlhabenden.«

»So war es neunzehnhundertdreiunddreißig auch, das weiß ich von meiner Großmutter«, sagt die Friseuse Hanna. »Meine Oma hat immer gesagt, die Geldsäcke haben den Hitler finanziert, und die Rotzproleten sind ihm nachgelaufen.«

»Und um eine Widerholung zu verhindern, brauchen wir starke Gewerkschaften«, erklärt Meinhardt.

»Meinst du die, die den Neue-Heimat-Mietern ihre Wohnungen unterm Arsch wegverkauft haben?« fragt Hanna bissig.

»Ich hab' meine selbst gekauft«, brüstet sich der Bauarbeitersekretär.

Schacht singt an seiner Orgel: »Wenn bei Capri die rote Sonne im Meer versinkt«, und Hanna Zuckschwerdt fordert den neben ihr sitzenden blassen Jüngling auf: »Komm Bruno, eh' ich jetzt eine Körperverletzung begehe, mach ich lieber Körperverrenkung.«

Händchenhaltend gehen beide zur Tanzfläche. Am Nebentisch lästert Ewald Hubers Frau: »Ach, sieh da, die dicke Lockenwicklerin gibt's auch noch.«

»Laß mal, Leonore«, meint eine aus der Damenrunde, »die hat jetzt bei uns in der Siedlung einen eigenen Salon.«

»Naja«, zischt die Frau des ehemaligen Stadtverordneten, »die Mannsbilder haben schon immer bezahlt, was es kostet.«

»Haben wir vielleicht schon mal von dir wissen wollen, wie du und dein Ewald zu eurem schicken Haus gekommen seid?« fragt Martha Lauers Enkelin Anneliese, während sie mit energischen Handgriffen die leeren Flaschen und Pappteller abräumt.

»Ich hab' 'ne gute Erbschaft gemacht, dafür brauch ich mich nicht zu schämen«, rechtfertigt sich die Genossin Huber, »und ich kann mir überhaupt nicht mehr vorstellen, mal in diesem häßlichen Häuserblock gewohnt zu haben.«

Eine kleine Hagere wickelt ihr Plastikbesteck sorgfältig in eine Papierserviette ein und sagt mit rauher Stimme: »Aber deine riesigen Abfallsäcke, die transportierst du immer noch in unsere Müllcontainer. Die Gebühren sind euch Hausbesitzern wohl zu hoch.«

Die Kritisierte macht ein bitterböses Gesicht. Alle anderen lachen und trinken.

Der Musikant Matthias orgelt: »Was kann schöner sein, viel schöner als Gut und Geld ... «

Am Nachbartisch lobt jemand Leinbergers Zwiebelschnitzel und meint: »Nur in Rumänien hab' ich die so herrlich gekriegt.«

»Und deshalb wollt ihr da wieder hin?« fragt sein Gegenüber.

»Ach woher, nicht wegen des Essens. Nach jeder Gerovital-Kur in Bad Herculane fühlen Frieda und ich uns immer jünger.«

»Dann könnt ihr ja eines Tages mit einem Kinderbillet fahren.«

»Wir fliegen doch bis Bukarest, du Spaßvogel.«

»Mich brächten keine zehn Gäule in so ein Land, wo es an allem fehlt, wo für Kinder keine Milch zu kriegen ist.«

»Daran sind nur die Schieber und Schwarzhändler schuld, übrigens meistens Juden.«

»Ach, schon wieder mal die?«

Eine Weile herrscht Schweigen, dann verkündet die grauhaarige Rosi Hainbuch: »Ich habe an Ostern mit meinen beiden Kindern auf der Oceanos eine Kreuzfahrt im östlichen Mittelmeer gemacht. Malta, Israel, Zypern, Albanien, Dubrovnik, Venedig. Das war herrlich. So eine Schiffsreise kann ich euch allen nur empfehlen.«

»Eine gutgehende Arztpraxis macht's halt möglich«, sagt der Rumänienfan.

»Was zahlt ihr denn dort in den Karpaten?« fragt die Kreuzfahrerin.

»Elfhundertneunundreißig Mark pro Nase für zwei Wochen, inklusive Flug und Kur.«

»Auf der Oceanos, die hat vierzehntausend Tonnen und fährt unter griechischer Flagge, kostet es etwa das Doppelte. Aber das war ja auch eine Politkreuzfahrt. Stephan Wald und Hans Scheibner haben an Bord abends tolle Programme gemacht.«

»Rumänien ist auch nicht unpolitisch.«

»Aber unsere Kreuzfahrt hat das Reisebüro unseres Parteivorstands in Bonn organisiert. Auf Malta und in Israel konnten wir mit führenden Genossen diskutieren.«

Lachend sagt eine junge Frau: »Offenbar muß man Tausende von Kilometern fahren, um mit Prominenten von uns mal reden zu können.«

Petra Lorenz kommt vom Ausschank, sieht Else Huth alleine an einem etwas abseits stehenden Tisch und setzt sich neben sie.

»Probier mal«, sagt sie und hält der Lehrerin ein Bier hin, »das ist Gerstel-Bräu, alkoholfrei, mir schmeckt das.«

Else winkt ab und sagt: »Ich trink' den trockenen Pfälzer, da paßt kein Bier dazu.«

»Sag, Else, du bist doch im Vorstand, wie komm ich an 'ne Mitgliederliste des Ortsvereins ran?«

»Wozu brauchst du die?«

»Die Jusos wollen wieder was an alle verschicken.«

»Und wie habt ihr damals euer Info versandt?«

»Wilma hat eine Adressenliste, gibt sie aber nicht mehr raus.«

»Und warum?«

»Wir würden mit unseren Texten nur den Gegnern zuarbeiten, meint sie.«

»Soviel ich weiß, tut sich doch bei den Jungsozialisten überhaupt nichts mehr.«

»Das soll sich ändern.«

»Da müßte man Steffi Brendel bitten. Sie ist Kassiererin und hat die Mitgliederkartei.«

»Bitte, Else, übernimm das doch mal für uns.«

»Wie ich die Steffi kenne, beruft die sich auf den Datenschutz und macht Schwierigkeiten.«

»Dir als Vorstandsmitglied kann sie es doch nicht verweigern.«

»Und wie soll ich meinen Wunsch begründen?«

»Sag halt, du wolltest dir für schulische Zwecke einen Überblick verschaffen.«

»Warum soll ich lügen? Den Jungsozialisten muß unser Adressenmaterial doch uneingeschränkt zur Verfügung stehen. Ihr leistet doch Parteiarbeit. Da ist sie ja. Wilma! Bitte komm doch mal her.«

»Sag lieber nichts«, fleht Petra leise.

Die neue Stadtverordnete plaziert sich auf der anderen Tischseite und sagt: »Wenn's um die Gleichstellung geht, kann ich euch ab sofort helfen. Eben hab' ich am Telefon von Dörrstein erfahren, daß ich die Frauenbeauftragte der Fraktion werde.«

Da keine Reaktion erfolgt, meint Wilma trocken: »Schweigen heißt Zustimmung. Ich danke euch.«

»Laß dir gratulieren, Wilma. Hier geht's tatsächlich um Gleichstellung, aber um die der Jungsozialisten. Warum gibst du Petra die Mitgliederliste nicht?«

»Weil die eine üble Sache vorhaben.«

»Wie kommst du auf so was?« fragt Petra.

»Wollt ihr eine monatliche Vorstandsbeschimpfung verschicken, oder etwa nicht!?«

»Wir wollen wieder ein Info machen, natürlich auch mit Anregungen und Diskussionsbeiträgen.«

»Was ist daran auszusetzen?« fragt Else.

»Soll das Pamphlet ›Vorstandsbeschimpfung‹ heißen, oder nicht?«

»Da wird gelegentlich auch Kritisches drinstehen.«

»Du weichst aus, Petra, und das beweist mir, daß ich richtig liege.«

»Hat Jens dir was erzählt?«

»Laß die Eifersüchtelei, Petra, ich bin bestens informiert.«

»Ist das eure Frauensolidarität?« fragt Else Huth.

Petra springt auf und sagt wütend: »Die ist karrieregeil und hat ein Spatzenhirn.«

Franz Meithner tritt hinzu und versucht Petra festzuhalten, doch die greift ihre Flasche Gerstel-Bräu und geht weg.

»Else, was war denn los an eurem Quotentisch?« fragt der Sozialarbeiter.

»Die Jungsozialisten wollen wieder ihr Info herausgeben, aber man gibt ihnen für den Versand nicht die Mitgliederliste.«

»Dann ist wohl wieder ein unbequemes Blättchen zu erwarten«, prophezeit Franz.

»Der Titel soll ›Vorstandsbeschimpfung‹ heißen, stell dir das mal vor«, giftet Wilma.

»Wäre doch nicht unpassend«, erwidert Meithner.

»Der Vorstand tut doch, was er kann«, meint Wilma.

»Viel ist das gerade nicht.«

»Sei nicht so anmaßend, Franz!« protestiert die frischgebackene Parlamentarierin, »Ulrich ist für Vorschläge immer offen.«

»Ja, für die Restaurierung des Kriegerdenkmals auf dem alten Rothenheimer Friedhof, aber meine Anregung, im vorigen Jahr zur Mahnung an den fünfzig Jahre zurückliegenden neunten November eine Gedenk- und Friedensveranstaltung des Ortsvereins zu machen, die wurde abgelehnt.«

»Gedenktagsgerede gab's ja wohl genug«, wirft Wilma ein.

»Gewiß«, antwortet Meithner, »etwa achtzig Veranstaltungen in unserer Stadt, meistens von Kirchengemeinden, aber unser SPD-Unterbezirk brachte nur drei schlecht besuchte Diskussionsabende zustande.«

»Ich war für deinen Vorschlag«, verteidigt sich Else Huth, »in mehreren Vorstandssitzungen wurde darüber beraten, aber dann scheiterte die Sache wegen Terminschwierigkeiten.«

»Daß ich nicht lache«, kontert Meithner, »für Feste und Feiern findet ihr im Ortsvereinsvorstand immer einen Platz im Kalender.«

»Nichts gegen Gedenken und Erinnern«, antwortet Wilma, »aber in puncto Faschismus und Krieg hat unsere Partei doch nichts zu bereuen oder zu sühnen. Wir waren von Anfang an dagegen, und wir waren die ersten Opfer.«

»Gerade deshalb dürfen wir heute nicht schweigen«, protestiert Sozialarbeiter Franz Meithner. »Die Nazis stehen doch wieder vor der Tür, ja sie sind schon drin im Stadtparlament.«

»So besehen hat Franz recht«, wirft die Lehrerin ein, »bei mir in der Schule sind die auch schon ganz schön aktiv.«

»Nun macht mal keine Panik«, meint die neue Stadtverordnete, »Rechtsradikale waren und sind doch nicht nur ein deutsches Problem.«

»Und deshalb meinst du, brauchen wir uns in Rothenheim nicht drum zu kümmern?« fragt Meithner.

»Der Unterbezirk macht jetzt einen Arbeitskreis Rechtsradikalismus, hoffentlich seh ich euch beide dort mal«, sagt Wilma, lächelt und steht auf. Mit der Bemerkung: »Verzeiht, ich hab' noch 'ne Besprechnung«, geht sie weg.

Auch Else und Franz stehen auf.

»Ich habe jetzt Durst«, bekennt er und fügt hinzu: »Um Petra und die Jusos müssen wir uns kümmern.«

»Unbedingt und bald, aber da drüben wartet einer aus meinem Elternbeirat.«

Abseits der Tischreihen unter den Bäumen trifft Else auf zwei kleine Buben, die einem Boxer ein Stück Holz unters Halsband gesteckt haben und es zuzudrehen versuchen. Der Hund schnappt nach Luft, wehrt sich aber nicht gegen seine Peiniger. Else springt hinzu und schreit:

»Hört ihr wohl auf, das Tier zu würgen!«

Die beiden laufen davon, und die Lehrerin streichelt den gutmütigen Vierbeiner.

»Haben Sie das nicht gesehen?« fragt sie die Leute am nächsten Tisch.

»Natürlich«, antwortet ein älterer Mann, »lassen

Sie doch die Buben, die Scheißköter nehmen doch überhand.«

Die ganze Tischgesellschaft lacht. Else hat eine Zurechtweisung auf der Zunge, doch sie unterdrückt ihren Zorn und sucht das Mitglied ihres Elternbeirats.

In der Männertoilette ärgert sich Erich Damann, weil da schon wieder Sprüche an den Wänden sind. Besonders erbost ist er über die Zeile »Arbeiterwohlfahrt: ja! – Geschäftsführerwohlfahrt: nein!«.

»Sauerei!«, entfährt es ihm, »wer macht so was nur? Haben wir die Feinde schon im Haus?«

Ganz gewissenhafter Hausmeister, holt er aus dem Putzmittelschrank die dafür bereitstehende Dose mit Farbe nebst Pinsel und überstreicht die Ärgernisse.

Im Saal ist Martha Lauer mit ihrer Enkelin Anneliese dabei, einen Schanktisch herzurichten.

»Wir sorgen schon mal vor, Erich. Wenn's kühler wird, kommen viele herein.«

Der erste Gast erscheint bereits. Es ist der Straßenbahner Werner Eimer. Er trägt seine Dienstkleidung, und Erich sagt:

»Kommst direkt von der Arbeit, Werner?«

»Ja«, knurrt der, setzt seine Mütze ab, legt ein Schinkenbrot auf den Tisch, holt sich bei Martha eine Flasche Bier, schiebt eine Bank beiseite und schaut zum Fenster raus.

»Warum bleibst du nicht draußen? Im Freien ist's doch viel schöner«, fragt Damann.

»So einige Gesichter kann ich nicht mehr sehen.«

»Immer noch wegen der Sache beim Maitanz?«

»Ja, ich hab' den Dörrstein doch erwischt, wie er sich ohne Eintrittskarte reinschlich. Er hat's ja auch zugegeben und nachträglich bezahlt, aber der Ortsvereinsvorstand hat mir vorgeworfen, ich hätte den Unterbezirksvorsitzenden brüskiert. Und solange die das nicht zurücknehmen und sich bei mir entschuldigen, kenn ich die nicht mehr.«

»Das mußt du abschütteln, Werner.«

»Würd' ich gerne, ich hätte gute Lust auszutreten.«

»Ach, komm, die Partei besteht ja nicht nur aus Rothenheim.«

»Stimmt, und wenn ich drin bleibe, tu ich's nur wegen meinem Vater.«

»Versteh ich, Werner. So was wie Buchenwald darf's nie mehr geben.«

Werner Eimer antwortet nicht, beißt in seine Schinkenstulle und zieht eine Zeitung aus der Tasche.

Paul Metzger betritt den Saal, und Erich Damann geht rasch zu ihm.

»Paul, ich muß mit dir reden. Es ist wichtig.«

»Gleich, zuerst hab' ich was Dringenderes.« Er entschwindet in Richtung WC.

Kichernd sagt Anneliese zu Martha: »Du, eben ist der Menzel gekommen. Ob der wieder was vorhat?«

Martha macht ein ernstes Gesicht und antwortet streng:

»Sei still! Du warst ja nicht dabei.«

Rentnerin Lauer putzt weiter Gläser und schmunzelt dann auch. Sie denkt an die vorjährige Jubilarehrung, als Richard Menzel, der bärenstarke Tainer des Athletik-Clubs Rothenheim, nach der festlichen Veranstaltung dem Unterbezirksvorsitzenden Heinz Dörrstein im Dunklen am Tor auflauerte und ihm eine fürchterliche Tracht Prübel verabreichte.

»Zahlt der Herr Dörrstein denn jetzt pünktlich für das Kind, was er der Menzeltochter gemacht hat?«

»Kein Wort mehr, Anneliese! Da kommt Onkel Paul!«

Metzger und Damann gehen vorbei, und Enkelin Anneliese fragt:

»Soll ich euch Bier bringen?«

»Nein, laß uns jetzt mal allein«, antwortet der Arbeiterwohlfahrt-Vorsitzende mit finsterer Miene.

Beide verziehen sich in die hinterste Ecke des Saales, an dessen Schmalseite die Fotografien der einstigen Vorsitzenden des Arbeiterwohlfahrt-Ortsvereins hängen.

»Nun schieß mal los, Erich, was hast du von Petra gehört?«

»Also die Jusos behaupten, im AW-Altenheim sei Panik. Die Bewohner hätten Angst, daß wegen der enormen Schuldenlast der AW unsere Häuser ebenso unter den Hammer kämen wie die Gewerkschaftsunternehmen.«

»Das ist doch dummes Gerede. Die Sanierung kommt doch zügig voran.«

»Mag schon sein, aber fast täglich bringen die Zeitungen neue Hiobsbotschaften über uns.«

»Das ist fast alles Propaganda unserer Gegner.«

»Aber Paul, wenn wir Sozialmieter vertreiben und anrüchige private Geschäftemachereien von Funktionären dulden, das sind doch Tatsachen.«

»Beim Roten Kreuz und bei der Caritas gab's auch schon krumme Sachen.«

»Aber das berechtigt uns doch nicht ... «

»Erich, sei beruhigt, der ganze Immobilienkram kratzt die alten Leute doch nicht.«

»Na, als ich vorgestern dort war und das Geschirr und die Gläser holte, saß die ganze Eingangshalle voll, und alle waren unruhig und irgendwie trübselig.«

»Den Anblick kenn' ich, so ist das immer, die warten auf Besuch und sind sauer, weil keiner kommt.«

»Aber Petra Lorenz und die Jungsozialisten greifen ihre Informationen doch wohl nicht aus der Luft!«

»Mag schon sein, aber wenn die Jusos damit kommen, ist das für mich der Beweis, daß nicht unsere Bewohner um ihre Heimplätze besorgt sind, sondern deren Söhne, Töchter und Enkel. Die sind doch heilfroh, ihre Alten bei uns los geworden zu sein, und nun befürchten die Jungen, es könnte Probleme geben, etwa höhere Heimkosten, und sie würden zur Kasse gebeten. Ich kenne die scharf kalkulierende Elternliebe der Jungen heutzutage. Hör mir bloß auf damit!«

»Leuchtet mir ein, Paul, aber hältst du denn unsere Organisation für gefährdet?«

»I wo! Die Banken werden stillhalten, und wenn wir im nächsten Jahr die Landtagswahl gewinnen, fließen auch die Zuschüsse wieder stärker. Beim Bezirksvorstand sind sie alle optimistisch.«

»Aber ich hab' die Petra so verstanden, daß die Jusos die AW-Situation in der Partei zur Diskussion bringen wollen.«

»Wenn die uns und der Partei wieder schaden wollen, dann müssen sie das tun.«

»Diskussion ist doch nichts Negatives.«

»Doch, Erich, wenn sie zur falschen Zeit erfolgt.«

»Ja, sollen wir damit denn immer warten, bis es zu spät ist?«

»Ungeduld ist ein Hemd aus Brennesseln.«

»Es geht aber doch auch um Offenheit und Ehrlichkeit.«

»Hast du zu mir denn kein Vertrauen mehr?«

»Doch, Paul, aber ich hab' auch Angst um unsere gute Sache.«

»Heute ist Parteifest, Erich, da ist kein Platz für Trübsinn.«

»Und was ist morgen?«

»Morgen ist Sonntag, Erich, auch kein Grund zur Traurigkeit. Komm mit ins Büro, da hab' ich einen erstklassigen Hefebrand von meinem Schwager aus dem Hunsrück.«

»Später, Paul, ich muß jetzt erst die schmutzigen Handtücher in den Toiletten wegtun und saubere hinhängen.«

Paul Metzger geht nach draußen, Erich Damann in den Lagerraum. Den Straßenbahner Werner

Eimer sieht er noch immer alleine am Fenster sitzen.

Schacht orgelt und singt »Du kannst nicht treu sein, nein nein, das kannst du nicht . . . «

Sozialarbeiter Meithner hält nach einem Sitzplatz Ausschau, um eine Portion Spießbraten in Ruhe verzehren zu können.

Hanna Zuckschwerdt, die mal nicht auf der Tanzfläche ist, ruft: »Franz, komm her und setz dich zu uns.«

Nur widerwillig folgt er der Aufforderung, und die blonde Haarkünstlerin will wissen: »Na, was hat deine Sammlung für den Kindergarten in Nicaragua gebracht?«

»Hundertelfmarkachtzig.«

»Mehr nicht?«

»Unsere Initiative ist für jede Mark dankar.«

»Der Boltz hätte 'ne aufrüttelnde Rede für eure Aktion halten müssen, dann wär mehr reingekommen.«

»Eben das hat er ja abgelehnt.«

»Kann ich mir vorstellen, der geht ja auch immer noch ins Rothenheimer Braustübl.«

»Und warum soll er nicht?« fragt die Professorenwitwe Katja Schmollinger.

»Weil das jetzt einem Neonazi gehört«, antwortet Hanna.

»Bist du sicher?« fragt Franz.

»Absolut. Am 20. April haben sie dort in geschlossener Gesellschaft Hitlers Geburtstag gefeiert. Mein Salon ist eine prima Nachrichtenbörse.«

Meithner schiebt seinen Spießbraten beiseite und will wissen: »Hast du Ulrich davon verständigt?«

»Ja, aber er meint, wir müßten überall unsere Augen und Ohren haben.«

»Da hat er ja wohl recht«, wirft Katja ein.

»Informieren, na gut, aber dort konsumieren, das muß ja nun wirklich nicht sein«, entrüstet sich Meithner.

»In einer Kneipe geht das eine nun mal nicht ohne das andere«, gibt Katja zu bedenken.

»Mir bleibt unverständlich«, sagt die Friseuse, »warum der Matić sein Lokal ausgerechnet an einen Nazi verkauft hat. Von dem Jugo hatte ich immer den Eindruck, er sei ein Linker.«

»Wir kümmern uns eben viel zu wenig um die Ausländer in unserem Stadtteil«, erklärt Meithner.

»Fordern wir etwa nicht für sie das kommunale Wahlrecht?« fragt Katja, »und riskieren deswegen sogar Stimmenverluste. Denkt bloß nicht, die würden alle SPD wählen, wenn sie stimmberechtigt wären.«

»Das erfordert intensivere Zuwendung«, sagt Meithner, »aber soviel ich weiß, haben wir trotz des hohen Ausländeranteils in Rothenheim keinen einzigen als Parteimitglied.«

Katja betrachtet versonnen ihre leere Bierflasche und meint: »Die ältere Generation bei denen wahrt ihre nationale Identität, und die Jüngeren leben verunsichert zwischen den Welten. Veränderungen brauchen da sehr viel Zeit. Ich weiß das, denn ich bin mit Albert viel rumgekommen in der Welt.«

»Bei mir in der evangelischen Behindertenwohnanlage«, berichtet Franz Meithner, »sind die Hälfte der Beschäftigten Ausländer, aber die Kirche macht da keine Unterschiede. Die hat sogar einen Arbeitslosentreff eingerichtet. Deutsche und Ausländer haben da wöchentlich zweimal Gelegenheit, im Beisein von Fachberatern Informationen auszutauschen. Weder die Gewerkschaften noch die SPD hat hier so etwas.«

»Uns laufen ja die Mitglieder weg«, schimpft Hanna, »und junge Leute kriegen wir kaum noch. Unsere Vorständler kungeln doch nur noch um Posten und Mandate. Das spüren auch die Bürger, und das stößt sie ab.«

»Schaut euch doch um hier«, sagt Meithner, »das ist doch kein Fest, sondern eher ein Leichenbegängnis. Eine Partei, die nicht mehr Ernst macht, hat auch nichts mehr zu lachen.«

Schacht spielt »Das ist die Liechtensteiner Polka, mein Schatz, die macht Rabatz ...«, und Hanna springt auf, packt ihren stets schweigsamen jungen Freund und ruft: »Von wegen Leichenbegängnis! Meine Todesursache steht noch lange nicht fest! Auf, Bruno, beweg dich!«

Beide verschwinden im Gewühl.

Katja greift nach Meithners Hand und flüstert: »Komm, wir machen den Apfelsinentanz, ganz eng am Partner.«

»Ich kann nicht tanzen«, bekennt Franz, zieht seine Hand zurück, nimmt seine Brille ab und beginnt, die Gläser zu putzen.

Mit der Bemerkung: »Dann hol' ich mir noch 'ne Wurst«, läßt Katja ihn sitzen.

An einem Tisch neben Leinbergers von Bratenduft und Hungrigen umgebenem Grill bleibt Katja stehen, streckt der dort sitzenden Else Huth die Hand hin und sagt: »Hallo, Else, wie geht's?«

»Grüß dich«, erwidert die knapp und wendet sich wieder ihrem Gegenüber zu.

Katja bleibt hartnäckig und fragt: »Willst du mir den Herrn nicht vorstellen?«

Der Brillenträger in vornehmem Dunkelblau und mit Fliege dienert beflissen: »Gestatten, Debus, ich habe eine Tochter in der Klasse von Frau Huth.«

Die Professorenwitwe nickt artig und sagt: »Dann viel Vergnügen noch.«

Else schaut der Rothaarigen einen Augenblick nach und erklärt dann ihrem Tischpartner: »Ihr Mann ist gestorben. Er leitete das Institut für Völkerkunde an der Universität. Sie ist so um die Vierzig.«

Debus nickt, rückt seine Brille zurecht und sagt: »Also mit unserer Christine werden Sie im Unterricht keinen Ärger mehr haben, Frau Huth, die habe ich gehörig in den Senkel gestellt. Aber es gibt da noch ein anderes Problem.«

»Und das wäre?«

»Die Berufsschule am Moorhof wird erweitert, und der Bauauftrag ist an eine auswärtige Firma vergeben worden. Angesichts der krisenhaften Situation der Bauunternehmen in unserer Stadt ist das eine unfaßbare Entscheidung.«

»Mag sein, aber warum erzählen Sie das mir?«

»Im Vergabeausschuß der Stadt gibt es die Regelung, nach Möglichkeit hiesige Baufirmen zu berücksichtigen. Die zahlen hier ja auch ihre Steuern.«

»Damit habe ich nicht das geringste zu tun.«

»Das weiß ich, Frau Huth, aber da drüben sitzt Herr Huber, der gehörte seither diesem Vergabegremium an. Bei ihm sehe ich den Herrn Landtagsabgeordneten Reichel, das ist ebenfalls ein einflußreicher Mann. Machen Sie mich mit den beiden Herren doch mal bekannt.«

»Warum nicht, aber was ist denn Ihr Interess an der ganzen Sache?«

»Das will ich Ihnen sagen, verehrte Frau Huth. Ich bin Bauingenieur bei der Firma Unkelbach. Das Unternehmen kann im nächsten Jahr sein hundertjähriges Bestehen in unserer Stadt feiern. Die Schule am Moorhof haben wir 1953 gebaut, und bei uns versteht niemand, warum wir bei der Auftragsvergabe nicht zum Zuge kamen.«

»Ach, wissen Sie, Herr Debus, wenn Sie mir alle diese Einzelheiten nicht erzählt hätten, fiele es mir bedeutend leichter, Ihre Bitte zu erfüllen.«

»Aber liebe Fau Huth, ich bin in keiner Partei, aber Sie müssen doch auf eine kluge Politik Ihrer Freunde bedacht sein.«

»Gibt's denn in unserer Stadtverwaltung, besonders im Bauwesen, nicht schon genug Korruptionsskandale?«

»Aber ich bitte Sie inständig! So dürfen Sie unser Gespräch doch nicht auffassen!«

»Unsere schulischen Probleme reichen mir völlig aus.«

»Die Fima Unkelbach ist ein makelloses Unternehmen, und außerdem am Moorhof geht's um eine Schulbaumaßnahme.«

»Na gut«, sagt die Lehrerin und holt tief Luft, »mit Herrn Huber mache ich Sie bekannt. Den Herrn Reichel kenne ich nur sehr flüchtig.«

»Liebe Frau Huth, das werde ich Ihnen nie vergessen.«

Beide stehen auf, Debus ordnet Jacke und Fliege. Im Weggehen fragt er: »Nehmen Sie Ihre Handtasche nicht mit?«

»Meinen Sie, das wäre nötig?«

»Pardon, Sie kennen Ihre Partei besser als ich.«

Else lacht, greift den kleinen braunen Beutel, und der Bauingenieur bahnt ihr den Weg durch die Herumstehenden. Der musizierende Straßenbahner Matthias Schacht singt »Bella, bella, bella Marie, häng dich auf, ich häng' dich ab morgen früh.«

Die temperamentvolle Veteranin Neubauer und ihr strammer Begleiter Lunkwitz streben dem Ausgang zu. Else Huth fragt: »Na, schon müde, ihr beiden?«

»Von wegen«, entgegnet Gertud Neubauer, »um zehn läuft im Dritten ein Fassbinder-Film. Den lassen wir uns nicht entgehen.«

Es ist kühl geworden im Freien, und das Fest verlagert sich mehr und mehr in den Saal. Auch Orgelspieler Schacht hat den Platz auf der Veranda geräumt, und seine Musik dringt nur noch gedämpft nach draußen. Leinberger muß aus feuerpolizeilichen Gründen mit seinem Stand auf der Wiese bleiben, und der Andrang an seinem Grill beginnt nachzulassen. Else Huth schlendert über den Rasen, wo nur noch an wenigen Tischen gezecht wird. Sie betrachtet die Schattengestalten hinter den erleuchteten Fenstern des eingeschossigen barackenähnlichen Baues. Der Abendwind bewegt die farbigen Glühlämpchen an den Bäumen. Einige Besucher verlassen gröhlend das Haus. Else überlegt, ob sie auch gehen soll, da ruft an einem Tisch eine weibliche Stimme: »Frau Lehrerin!«

Sie wendet sich um und sieht vier ältere Leute, geht langsam auf sie zu und versucht, sich ihrer Gesichter zu erinnern. »Frau Lehrerin, ich hab' sie beim Schulfest gesehen. Mein Enkel hat im Theaterstück mitgespielt. Reden sie hier mal ein Wort mit, der Genosse Eisele hat was gegen Ausländer.« Else Huth tritt an die Schmalseite des Tisches und blickt in die faltigen Gesichter von zwei Frauen und zwei Männern. Der mit dem dicken Glatzkopf schreit wütend: »Man hört doch kaum noch ein deutsches Wort auf unseren Straßen.«

»Ihr zwei kommt doch nur noch ganz selten in die Stadt«, entgegnet die im dunklen Kostüm.

»Wir besuchen ja nicht nur das Parteifest«, rechtfertigt sich der Kahlköpfige, »wir haben auch ein Opern- und ein Konzertabonnement.«

»Mein Mann ist Zahnarzt«, sagt die neben ihm sitzende Weißhaarige, »aber wir haben die Praxis aufgegeben und wohnen seit drei Jahren auf dem Land.«

»Und meiner war Amtsjurist bei der Stadt«, berichtet die andere.

»Aber korrupt war er nie«, ruft der Zahnarzt feixend dazwischen, »der nimmt nichts an, nicht mal Vernunft.«

Alle lachen. Else Huth setzt sich und fragt: »Und was ist nun mit den Ausländern?«

»Unser Sohn befürchtet«, sagt die Juristenfrau, »wegen der vielen Ausländerkinder in der Schule sinke das Niveau des Unterrichts.«

»Das ist doch nicht nur in der Schule so«, behauptet der Zahnarzt, »die Fremden drücken uns überall an die Wand.«

»Du warst doch auch noch Soldat, mein lieber Kurt«, sagt der Jurist betont ruhig, und Else Huth sieht, daß ihm der linke Arm fehlt. »Damals haben wir uns überall in Europa breit und unbeliebt gemacht. Vergiß das nicht, Kurt.«

»Damals, damals«, knurrt der Doktor Eisele, »deshalb muß ich heute vor denen doch nicht runter auf die Fahrbahn, weil diese Eindringlinge in Horden das ganze Trottoir beanspruchen und nicht anständig hintereinander gehen können.«

Else Huth ärgert sich über das Gerede, und sehr spitz sagt sie: »Über die Rothenheimer gibt's ja die bitterböse Redensart ›Dumm geboren, nichts dazugelernt und das bißchen auch noch vergessen‹.«

»Aus den Asylanten wird niemals was Gescheites«, meint der Zahnarzt.

»Die Ausländerkinder, dreißig Prozent an meiner Schule, wachsen zweisprachig und in zwei Kulturen auf, das ist eine Lebenshilfe, die uns gefehlt hat.«

»Kurt, du hast den Menschen doch immer in die Mäuler geschaut«, sagt der Jurist, »hast du da rassische Unterschiede entdeckt?«

Wütend schreit der: »Alle sollen sie bleiben, wo sie hergekommen sind!«

»Du kamst doch selbst als Flüchtling hierher und warst froh, akzeptiert zu werden«, wirft die Frau des Juristen ein.

»Daß wir in unserer Partei solche Meinungen haben, zeigt mir, daß wir dabei sind zu versagen«, stellt Else fest.

»Ich wollte Sie mal hören«, platzt es aus dem Zahnarzt heraus, »wenn man Ihnen Asylanten ins Haus setzen wollte!«

»Ich habe kein Haus«, erklärt Else.

»Und warum läßt du die Wohnung über deiner Scheune leerstehen?« will der Jurist vom Zahnarzt wissen.

»Das Eigentum ist bei uns gesetzlich geschützt, und wenn der Landkreis mir Asylanten oder Aussiedler ins Haus pressen will, dann zünde ich die Bude vorher an.«

»Du warst mal ein Flüchtling der ersten Stunde und bist heute der letzte Schwachkopf«, faucht die Frau des Juristen.

Else Huth verschlägt's die Sprache. Sie stützt beide Hände auf den Tisch, holt tief Luft und sagt: »Sie sind ein merkwürdiger Sozialdemokrat, Herr Doktor.«

Die Frau des Juristen legt behutsam ihre Hand auf Elses Schulter und sagt: »Und Sie sind eine sehr gute Lehrerin. Am besten nehmen Sie diesen Maulklempner noch einige Jahre in Ihre Klasse.«

»Wenn ich schon das Wort ›Klasse‹ höre, könnte ich explodieren«, faucht der glatzköpfige Dentist.

»Ja, Klasse warst du nie, auch nicht als Zahnarzt«, meint die Frau des Juristen.

»Alle seid ihr schlimm!« sagt Else Huth in scharfem Ton, steht auf und geht raschen Schrittes davon.

An den Tischen im Garten sitzt fast niemand mehr. Nur noch an Leinbergers Grill ist etwas Betrieb. Als Else sich dem Hauptweg nähert, sieht sie auf den Stufen der Treppe zum Saal ihr Elternbeiratsmitglied Debus herunterkommen. Er stützt den Landtagsabgeordneten Alfred Reichel, der Mühe hat, sich auf den Beinen zu halten. Der Bauingenieur schleppt den Parlamentarier über den Kiesweg. Else wartet im Schatten der Bäume, bis beide im Dunkeln verschwunden sind.

»Autofahren kann der Reichel nicht mehr«, sagt die Huth leise vor sich hin, »aber der Bauingenieur scheint ihn ja fest an der Leine zu haben.«

Im Saal dröhnt Schachts Hammondorgel »Hier am Rhein geht die Sonne nicht unter«.

Die Zahl der Gäste hat sich gelichtet, und nur wenige Tanzpaare sind noch aktiv. Ohne auf Zurufe wie etwa »Else, ich schmelze« zu achten, geht sie zur Toilette. Als sie sitzt, liest sie an der Tür in feiner Schrift: »Aids ist immer noch besser als überhaupt keine Westkontakte!«

»Ekelhaft!« denkt sie und beschließt, sofort nach Hause zu gehen.

Im Flur begegnet ihr Damann.

»Ich mach' mich auf den Heimweg, Erich, ich hab' jetzt die Nase voll.«

»Mir stinkt's schon lange, aber als Hausknecht muß ich leider bleiben.«

»Wie lange machst du das hier schon?«

»Ich hab' das Heim mit aufgebaut. Das war neunzehnhundertneunundvierzig.«

»Sag bloß!«

»Ja, das sind jetzt vierzig Jahre.«

»Und immer warst du hier der Hausmeister?«

»Nein, Else, das mache ich erst zwei Jahre, seitdem ich in Rente bin. 1949 war ich hier in der Falkengruppe. Das Heim gehörte mal der Sozialistischen Jugend.«

»Das ist ja interessant, das wußte ich nicht.«

»Komm mit, da drüben am Fenster sitzt der Eimer, der war mit dabei.«

Am Schanktisch nehmen beide sich ein Bier mit, und Erich sagt zu dem Straßenbahner:

»Werner, wir leisten dir Gesellschaft, damit du auf andere Gedanken kommst.«

»Woher willst du wissen, ob ich überhaupt denken will?«

Else betrachtet den vor seinem Glas brütenden Mann und sagt: »Denken ist die Urfunktion des Gehirns, die kann man nicht ausschalten.«

Eimer hebt den Kopf und meint: »Ich kenne äußerst fähige Leute, die das können. Die sind zu allem fähig.«

»Bitte keine Namen jetzt, Werner. Die Genossin Huth wußte nicht, daß das hier mal das Falkenheim war.«

»Ja, Erich, das waren noch Zeiten, da hatte die Partei noch 'ne aktive Jugend.«

»Und wie habt ihr das mit dem Heim damals geschafft?« will Else wissen.

»Selbsthilfe«, antwortet Damann, »unsere Rothenheimer Falkengruppe hatte über fünfzig Mitglieder, da waren alle Handwerksberufe vertreten.«

Eimer lebt sichtlich auf und sagt: »Alle Mann haben wir hier nach Feierabend und an den Wochenenden geschuftet, auch die Mädchen, fast ein Jahr lang. Die Eröffnung, das war damals wirklich ein Fest. Es gab Kartoffelsalat und richtige Frikadellen. Weißt du noch, Erich?«

Der nickt und berichtet weiter: »Ursprünglich war das ja eine Wehrmachtsbaracke. Die haben uns die Amerikaner zur Verfügung gestellt, als das Munitionslager an den Sandwiesen abgerissen wurde.«

»Wir haben den Holzbau vorsichtig abgetragen, die Amis haben uns die Teile hergefahren, und wir haben sie dann auf ein gemauertes Fundament gestellt. Die Backsteine holten wir aus den Trümmern. Bis die abgeklopft und sauber waren, das war 'ne Sauarbeit«, erinnert sich Eimer mit leuchtenden Augen.

»Ja, Else«, meint Damann, »da staunst du. Damals war Solidarität noch kein abgenutztes Wort.«

Sie nickt anerkennend, und alle drei heben die Gläser.

»Wenn wir ehrlich sind«, sagt Eimer nach einer Weile, »gab's auch damals schon solche und solche.«

»So fette Posten wie heute waren noch nicht zu haben.«

»Stimmt, Erich«, antwortet Eimer, »aber im Kleinen fing das schon früh an. Ich war im Sommer 1947 bei meiner Tante in der Banksiedlung, als Kurt Schumacher auf dem Großen Markt sprach. Bei Tante Dora hat er sich damals vor der Kundgebung gestärkt und ausgeruht. Deren Siedlungshäuschen war bei den Bombenangriffen verschont geblieben.«

»Also auch privilegiert«, wirft Damann lachend ein.

»Ja schon, aber Butter hatte sie auch nicht, und die mußte Schumacher unbedingt haben. Für zweihundertfünfzig Mark holte mein Vetter Klaus ein halbes Pfund bei einem Schwarzhändler in der Nachbarschaft. Es war in der Monatsmitte das letzte Geld von Tante Dora, aber was tat man nicht alles für den Parteivorsitzenden.«

»Du hast den Genossen Dr. Kurt Schumacher noch wirklich erlebt?« fragt Else voller Staunen.

»Jawohl«, antwortet der Straßenbahner, »ich hab' zugeschaut, wie er mit seiner Sekretärin Annemarie Renger das halbe Pfund Butter aufaß, mit Brot und Tomaten. Aber auf den Gedanken, uns drei Hungrigen auch 'ne Stulle abzugeben, ist er nicht gekommen.«

»Und ihr habt mit am Tisch gesessen?« fragt Else ungläubig.

»Nein, wir standen im Flur und guckten ab und zu durchs Türfenster.«

»Ach, Werner, laß doch die alten Geschichten ruhen«, mahnt Damann und fügt hinzu: »Hättet ihr die Annemarie Renger gebeten, wärt ihr bestimmt nicht leer ausgegangen.«

»Hör doch auf, Erich, der Schumacher und die Renger sind dann zur Kundgebung gefahren, ohne meine Tante zu fragen, was die Butter gekostet hat.«

»Und ihr wart auch bei der Veranstaltung?« will Else wissen.

»Selbstverständlich, Tante Dora, Klaus und ich, mit den Fahrrädern.«

»Werner, ich bitte dich, hast du vergessen, daß man dem Schumacher einen Arm und ein Bein amputierte, daß er über zehn Jahre im KZ war? Was wog dagegen euer halbes Pfund Butter? Bald danach ist der Mann gestorben!«

»Was ihr beide doch alles erlebt habt«, meint Else staunend.

»Warte mal ab, Genossin Huth, was dir noch alles blüht«, wirft Eimer ein.

»Schluß damit jetzt, du Griesgram!« sagt Erich.

Die Musik spielt »Im grünen Wald, dort wo die Drossel singt ...«

Mit der Feststellung: »Nun sind wir ganz von der Geschichte dieses Hauses abgekommen«, gibt Else dem Gespräch eine Wendung.

»Der Rest ist rasch erzählt«, sagt Damann, »seit den 70er Jahren gibt es in Rothenheim keine Falkengruppe mehr. Die AW übernahm das Heim, baute es aus zu einem Kindergarten, aber der wurde nach einigen Jahren geschlossen ...«

»Sag bitte dazu, weil die AW das Geschäft mit den Kindern nicht mehr lukrativ genug fand«, ruft Eimer dazwischen.

»Werd nicht schon wieder unsachlich«, antwortet Damann und fährt fort: »Seitdem ist das Haus unsere Sozialstation ...«

»Und ein Fest jagt hier das andere«, fügt Eimer hinzu und grinst.

»Immerhin«, meint Else Huth, »hab' ich heute interessante Geschichten von euch gehört.«

Aufgekratzt kommt Petra Lorenz vorbei und ruft: »Stell dir vor, Else, wir kriegen jetzt doch die Mitgliederliste für die Jusos. Ulrich hat's versprochen, sogar unter Zeugen!«

»So ein Fest bringt also doch was«, antwortet die Huth, »eigentlich wollte ich längst weg sein, aber jetzt werde ich tanzen.«

Schacht spielt »Was kommt dort von der Höh'?«.

Else springt auf, packt Erichs Hand, der zögert erst, geht aber dann doch mit ihr.

Hans-Peter Förster stellt sich neben den verdrossen dreinblickenden Straßenbahner. Er hat zwei gefüllte Schnapsgläser in den Händen und sagt: »Werner, seit der DGB-Veranstaltung schulde ich dir noch einen Klaren.«

»Gib schon her, hast du in deinem Spielkasino wieder ordentlich Kasse gemacht?«

»Nein, war ein armer Laden heute.«

»Es gab ja auch keine Tombola.«

»Nein, diesmal nicht.«

»War auch ein Skandal im letzten Jahr. Die vom Vorstand kannten den dunklen Fleck auf den Losen und wußten, daß das von den aufgedruckten Nummern kam. Die Schweine haben schamlos alle Gewinne gezogen.«

»Diese Affäre war aber nicht der Grund, mein lieber Werner. Es wurden diesmal so gut wie keine Gewinne gespendet, die Rothenheimer Geschäftsleute haben sich zurückgehalten.«

»Ja, mit Geschäften haben wir seit der Pleite von der Neuen Heimat kein Glück mehr.«

»Wie lange soll ich den Doppelten noch halten. Auf, trink schon, Werner, der bringt dir tiefere Einsichten.«

Sie stoßen an und leeren die Gläser auf einen Zug.

Der Straßenbahner läßt die letzten Tropfen Korn auf seine Handoberflächen rinnen, verreibt sie gründlich und fragt dann: »Was meinst du mit tieferen Einsichten?«

»Stell dir mal vor, Werner, wo wir erst hingekommen wären, wenn unsere Gemeinwirtschaftsnieten die gesamte Wirtschaft zu lenken gehabt hätten?«

Bedächtig wiegt Eimer den Kopf hin und her, dann sagt er: »Vergiß nicht, Hans-Peter, auch dem Herrstatt seine Bank ging hops, und sogar die AEG war mal bankrott.«

»Stimmt genau«, meint Förster, »und mit jeder Pleite wird die Wirtschaft transparenter. Das läßt doch hoffen. Wenn die Geschäftswelt erst mal so gelichtet ist wie der Wald, dann haben wir einen bedeutend besseren Durchblick.«

Beide lachen.

Schacht spielt »Halt das Känguruh fest«.

Förster lallt: »Ich --- hol uns noch --- zwei --- Körnchen.«

»Abgelehnt«, erklärt Eimer kategorisch, »jetzt bin ich dran!« und steigt behende über die Bank.

Die Frisiersalonbesitzerin Hanna Zuckschwerdt reklamiert bei Schacht eine Rumba, doch der spielt »Den Schnee-, Schnee-, Schnee-, Schneewalzer tanzen wir, du mit mir und ich mit dir.«

Die Blonde protestiert: »Matthias, dein Kalender stimmt nicht«, doch dann dreht sie sich schwungvoll mit ihrem Bruno.

Martha Lauer hat am Schanktisch alle Hände voll zu tun. Enkelin Anneliese trägt mit finsterer Miene die Getränke an die Tische.

Die Musik übertönend, schreit Luise Metzger in den Saal: »Der Gottfried baut in einer Viertelstunde seinen Grill ab. Wer noch Hunger hat, muß sich beeilen!«

Hanna und ihr Bruno kommen an den Schanktisch zurück. Sie strahlt und schiebt ihre Hand in seine Hosentasche.

»Martha, zwei Piccolos bitte«, lautet ihr Wunsch, der prompt erfüllt wird.

Petra Lorenz tritt hinzu und fragt:

»Hanna, dein Bruno ist noch nicht in der Partei? Stimmt das?«

»Ja«, sagt sie und fügt sehr kühl hinzu: »der fühlt sich noch nicht reif zu diesem Schritt.«

»Dann ist er wohl noch im Jusoalter?«

»Denkst du, ich mag alte Männer?«

»Spaß beiseite«, sagt Petra, »die Jusos wollen wieder so etwas wie eine Zeitung machen, und ich hab' gehört, dein Freund habe eine Schnelldruckerei.«

»Sag selbst etwas, Bruno.«

»Ich habe eine reprographische Werkstätte«, antwortet der blasse Blonde.

»Und ich bin Korrektorin beim Urban-Verlag«, erklärt Petra, »das wär' doch 'ne Basis für Zusammenarbeit.«

»Aber bitte nicht so eng«, mahnt Hanna und winkt bei Martha zwei neue Piccolos herbei.

»Sei ganz unbesorgt, Genossin Zuckschwerdt«, sagt Petra, »mir geht's nur um den Ortsverein, den wir mit unserem Blatt revitalisieren wollen.«

Juso Berti hat sich hinzugesellt und erklärt:

»'ne muntere Monatsdepesche soll das werden, die so viel Staub aufwirbelt, daß der Vorstand gezwungen ist, wieder politische Diskussionen zu machen, wenn er denn wiedergewählt werden will.«

Ludwig Schönfelder, der Kleingarten-Vereinsvorsitzende, hat schon eine Weile zugehört und meint: »Wir haben doch eine schöne Zeitung.«

»Meinst du etwa das Vorwärts-Magazin?« will Petra wissen.

»Ja, das kriegen wir doch jeden Monat.«

»Geschenkt«, sagt Petra spöttisch, »den richtigen Vorwärts haben sie geschlachtet, und mit seinem guten alten Namen wollen sie jetzt ihr stupides Amtsverkündungsblättchen aufwerten.«

Schönfelder schweigt und trinkt Bier.

»Wer liest denn schon diesen Hochglanz-Einfaltprospekt?« fragt Berti verächtlich und nippt an seinem Sektglas.

»Also ich lese zuerst immer ganz hinten das Tagebuch unserer Geschäftsführerin Anke Fuchs«, sagt Hanna mit einer bei ihr ganz ungewohnt ernsten Miene. »Da erfahre ich, wo unsere Spitzengenossin dienstags Kaffee getrunken hat und mit wem sie mittwochs von Dingolfing nach Bonn zurückgefahren ist. Da weiß ich dann ganz genau, wo's politisch lang geht.«

Alle lachen, auch Ludwig Schönfelder.

Anneliese räumt leere Flaschen und Gläser weg und sagt spitz: »Ich will den Witz auch hören.«

»Das war eine ernste Angelegenheit«, meint der sonst so schweigsame Bruno. Und zu Hanna gewandt: »Und demnächst trete ich bei euch ein.«

»Und machst mit der Petra die Zeitung, aber sonst nichts!« erklärt die Friseuse gebieterisch.

»Ist das ein Beschluß?« fragt Petra und grapscht nach Brunos Hand.

Der bleibt ganz gelassen, löst sanft den unerwarteten Kontakt, macht einen Schritt zurück, greift in eine Jackentasche seines hellgrauen Flanellanzugs, zieht eine Visitenkarte hervor und gibt sie Petra.

»Rufen Sie mich nachmittags an«, sagt er kühl, »wir machen einen Termin.«

Luise Metzger streckt ihre Hand über den Schanktisch und ruft: »Ich will auch so 'n Kärtchen für 'ne Verabredung.«

»Jetzt reicht's aber«, protestiert Hanna lachend, »der Bruno gehört mir!«

Petra gibt Brunos Karte an Berti weiter und sagt zu dem Reprographen: »Genosse Lehnert wird alles Notwendige mit dir – mit Ihnen besprechen, denn er produziert unser Info.«

»Das beruhigt mich kolossal«, meint Hanna, und als Schacht an seiner Orgel jetzt behauptet »Es gibt kein Bier auf Hawaii...«, stößt sie ihren Bruno mit dem Ellbogen an und befiehlt: »Komm, du Graf, du Reprograph, wir müssen uns auch in aller Öffentlichkeit weiter bewegen!«

Außer Hanna und Bruno nutzen nur drei Paare das Tanzangebot Schachts. Nach dem letzten »...Drum fahr'n wir nicht nach Hawaii, drum bleib'n wir hier« steht der Musikant auf und verkündet »Pause!«

Zur Stärkung bringt ihm Leinbergers Frau einen Teller mit Bratwürsten und Brot.

»Und ein Besteck bitte«, knurrt Schacht. Schnell ist Anneliese mit Messer und Gabel zur Stelle.

Der Musiker zückt sein Portemonnaie, doch Frau Leinberger wehrt ab: »Schon vom Parteivorsitzenden erledigt.«

Mit Heißhunger macht Schacht sich über die Würstchen her.

Hanna Zuckschwerdt tritt an den Tisch:

»Was darf ich zum Trinken bringen? Bier, Cognac, Korn, Wodka, Wein, Likör?«

»Genau in dieser Reihenfolge«, antwortet der Orgelspieler, ohne aufzublicken.

Die Umstehenden lachen, und Hanna eilt zur Theke.

»Paßt auf, die bringt jetzt bestimmt das ganze Sortiment«, sagt Ewald Huber.

Alle Aufmerksamkeit gehört jetzt der Friseuse, und es gibt viel Beifall, als die füllige Blonde mit vollendeter Grazie dem Musiker ein Tablett mit allen sechs Getränken serviert.

Der ist verblüfft, greift nach dem Bier, und Hanna meint ermunternd: »Trink schön, Matthias, das ist mein Dank für deine Musik. Sie war zwar uralt, aber gerade deshalb fühle ich mich jetzt bedeutend jünger.«

Hanna dreht sich um und küßt ihren schweigsamen Bruno. Und Witzbold Förster lästert: »Wenn die dem Schacht nachher 'ne Blutprobe nehmen und sie an die Ärztekammer schicken, machen die sofort einen Internistenball.«

Frau Leinberger ruft etwas in den Saal, doch keiner hört zu, denn es wird laut gelacht und gejohlt.

Musiker Schacht ist ganz aufs Essen und Trinken konzentriert.

Aufbruchstimmung macht sich breit. Es werden Hände geschüttelt, und viele Besucher streben dem Ausgang zu. Auf dem Weg dorthin wird noch heftig geredet und gewitzelt. An den Tischen sitzen nur noch wenige kleine Grüppchen. Erich Damann bittet einige der Herumstehenden, ihm beim Aufräumen zu helfen, aber er trifft nur auf taube Ohren.

Im Vorbeigehen fragt Bau-Steine-Erden-Sekretär Meinhardt den ehemaligen Stadtverordneten

Ewald Huber: »Stimmt es, daß der Anwalt Hans Klump, der Sohn des reichen Grundstücksmaklers, Landtagskandidat im Nachbarwahlkreis werden soll?«

»Ja, der Unterbezirksvorstand hat so entschieden.«

»Und warum nimmt man nicht die junge Genossin Schuster, die eine so erfolgreiche Kulturarbeit auf die Beine gestellt hat?«

»Ganz einfach zu erklären, der Klump finanziert seinen Wahlkampf mit eigenen Mitteln. Und die Partei hat bekanntlich kein Geld.«

»Also ein gekauftes Mandat?«

Mit der Bemerkung »Greif doch mal einem nackten Mann in die Tasche« geht Ewald Huber weiter.

Ortsvereinsvorsitzender Boltz hält Damann am Arm fest und fragt: »Hast du neue Helfer für's Plakatkleben und Zettelverteilen bekommen?«

»Nur einen einzigen. Die Alten können nicht mehr, und die Jungen wollen nicht.«

»Hast du auch die vier neuen Mitglieder gefragt?«

»Nein, ich dachte, die müssen bei uns erst mal ein bißchen heimisch werden.«

»Unsinn, Erich, heimisch wird man am besten durch Arbeit.«

»Hast recht, Ulrich, ich frag' sie, die Neuen.«

»Daß ich's nicht vergesse, Erich, bring mir bitte am nächsten Samstag Fleisch und Holzkohle in mein Wochenendhaus.«

»Gibst du wieder einen Empfang?«

»Nein, Lagebesprechung mit dem engeren Ortsvereinsvorstand zur Vorbereitung der Landtagswahl.«

»Warum nicht auch für einfache Mitglieder?«

»Die kommen doch nicht, wenn's um Arbeit geht. Das beweist doch deine erfolglose Suche nach Verteilern.«

»Ulrich, ihr entfernt euch immer weiter von der Basis.«

»Nein, Erich, die entfernt sich von uns. Sag dem Leinberger, diesmal will ich Schweinelendchen.«

Erich nickt.

Etliche Bierflaschen an die Brust gedrückt, bahnt sich Martha Lauer einen Weg durch die Herumstehenden.

Mitleidig sagt Franz Meithner zu ihr: »Du weißt auch, was du getan hast, wenn der Tag 'rum ist.«

»Ich tue nur meine Pflicht, Franz, aber ich behaupte nicht, mich für die Partei aufzuopfern.«

»Naja, die vielen Leute bedienen und das bei dem Lärm.«

»Schachts Musik war doch schön und nicht so ohrenbetäubend wie das elektronische Getöse beim Jubiläumsfest. Heute konnte man sich dabei doch noch gut unterhalten.«

»Stimmt, Martha, die Verstärkermusik hasse ich auch, das ist Körperverletzung, Unterdrückung, Militarismus.«

»Immer wirst du gleich wieder politisch. Heute feiern wir doch ein Fest. Da müssen wir den politischen Kram mal vergessen.«

»Vergessen heißt verlieren, Martha.«

Sie hört's nicht mehr, denn sie ist schon weitergegangen. Hanna Zuckschwerdt, ihren verliebten Bruno am Arm, fragt den AW-Vorsitzenden Paul Metzger:

»Hast du gehört, Paul, im Stadtkrankenhaus haben sie eine Pflegerin und einen Pfleger verhaftet?«

»Warum?«

»Die sind von Hausbewohnern beobachtet worden, wie sie in der Wohnung einer alleinstehenden, kurz vorher verstorbenen alten Frau waren. Sie sollen wertvollen Schmuck, Meißener Porzellan und zwei Pelzmäntel gestohlen haben.«

»Senioren- und Totenausplünderung, das nimmt stark zu, schon seit längerer Zeit.«

Überraschend meldet sich Bruno mal zu Wort: »Fast wie in Auschwitz, wo sie den Toten die Goldzähne herausgerissen haben.«

Paul Metzger wendet sich brüsk ab und entschwindet im Gewühl.

Hanna greift ihrem Bruno derb zwischen die Beine und flüstert: »Du wirst ja noch richtig aufgeknöpft, Schatz.«

Richard Menzel, der hünenhafte Trainer, bahnt sich einen Weg zu Ludwig Schönfelder, dem Vorsitzenden der Kleingartengemeinschaft Rothenheim e. V., und schnaubt ihn an: »Kriegt unser Jugendwart nun den freigewordenen Garten?«

»Wenn er 'ne ordentliche Spende für die Vereinskasse gibt.«

Menzel hebt drohend die rechte Hand und schreit: »Räuber seid ihr, ihr Krautärsche!«

Schönfelder duckt sich und entweicht.
Menzel geht und flucht: »Scheißpartei!«
Keiner hört's, denn Schacht spielt lautstark »Oh, du schöner Westerwald, über deine Höhen pfeift der Wind so kalt ... «
Huber hat den Disput aus sicherem Abstand beobachtet und fragt Schönfelder: »Was hat der Kraftmeier denn gewollt?«
»Der will einen Garten für den Jugendwart des Athletic-Clubs.«
»Ich dachte schon, der hätte nach Heinz Dörrstein gefragt. Dem hab' ich geraten, nicht zu kommen. Wir können ja nicht schon wieder 'ne Schlägerei gebrauchen.«
»Zahlt unser Unterbezirksvorsitzender denn jetzt seine Alimente?«
»Ich hoffe es. Die Architekten haben ja Konjunktur.«
Martha Lauer schiebt sich vorbei und fragt Huber: »Wo ist denn deine Leonore?«
»Schon vor einer Stunde gegangen.«
»Hat es ihr nicht gefallen?«
»Doch, aber heute läuft im Fernsehen ein alter Rühmann-Film, und den Kerl verehrt sie.«
Damann eilt herein und steuert auf Boltz zu: »Du, Ulrich, der Leinberger ist schon weg, hat alles abgeräumt.«
»Ohne sich zu verabschieden? Da muß sein Grillgeschäft ja heute schlecht gelaufen sein.«
»In guter Stimmung war er den ganzen Abend nicht.«
»Ach laß mal, Erich, ich telefonier morgen mit

ihm und sage ihm, was ich am nächsten Wochenend brauche. Du kriegst von mir Bescheid.«

Spaßmacher Förster und der verdrossene Straßenbahner Eimer kommen schwankend auf Erich Damann zu, und Förster fragt: »War der Altsozialist Mühleisen heute nicht da?«

»Hör mir auf mit dem«, antwortet Erich verdrossen, »der ist seit Monaten in seiner Villa im Tessin und schreibt angeblich seine Memoiren. Vor Wochen war er bei der Lisbeth im Altenheim und hat ihr 'ne ganze Menge alter Fotos geklaut. Die hat deswegen an den Bezirksvorstand geschrieben und droht mit einer Anzeige. Die ist nicht so senil, wie der Gauner gedacht hat.«

Eimer saugt an seiner Zigarre und meint: »Soso, seine Memoiren schreibt der Gerd. Da werden wir ja endlich erfahren, wie ein NSDAP-Mitglied während der Nazizeit illegal heldenhaft für die Partei gekämpft hat.«

Damann protestiert: »Hör auf damit, der Gerd ist immerhin dreiundachtzig.«

Else Huth mischt sich ein und fragt: »Na, erzählt ihr wieder schöne alte Geschichten?«

Eimer antwortet: »Ja, von einem Parteihelden aus der Nazizeit.«

Damann und Förster gehen rasch weiter.

»Ich hör' gerne zu«, meint die Lehrerin, »ich weiß ja viel zu wenig.«

»Wir Falken waren einmal die ersten Europäer«, renommiert Eimer, reicht der vorbeikommenden Anneliese Geld und bekommt zwei Flaschen Bier.

Else nimmt freundlich nickend eine Flasche und fragt: »Wieso?«

»Das kann ich dir sagen. Im Sommer 1950, also fünf Jahre nach Kriegsende, konnte unsere Rothenheimer Falkengruppe auf Einladung der französischen Partei vierzehn Tage nach Paris fahren. Wir waren die erste deutsche Jugendgruppe, die das durfte. Auf dem Père Lachaise haben wir am Grab von Kurt Löwenstein, der im Exil gestorben war, einen Kranz niedergelegt. Du wirst das nicht wissen, der Pädagoge Doktor Löwenstein war einer der Gründer der deutschen Kinderfreundebewegung.«

»Das muß für euch damals großartig gewesen sein.«

»Ja, vor allem die Verpflegung. Dort hab' ich die ersten Austern meines Lebens gegessen.«

»Und da gab es keine Deutschfeindlichkeit?«

»Nein, wir waren ja von der SFIO eingeladen.«

»Wer war das?«

Eimer nimmt einen tiefen Schluck aus der Flasche und sagt: »Die Sozialistische Partei in Paris war das.«

»Und wo habt ihr gewohnt?«

»In Paris in einem Hotel, in der Passage Brady. Heute würden wir das eine Absteige nennen. Aber wir waren glücklich.«

»Wieviel wart ihr denn?«

»Zwanzig Jungen und fünfzehn Mädchen.«

»Und wie habt ihr euch mit den Leuten verständigt?«

»Der Pariser Parteisekretär Pierre, ein Berufsschullehrer, sprach etwas deutsch und ich etwas französisch. Meine Mutter war eine geborene Donnay. Sie stammte aus dem Elsaß.«

»So bald nach dem Krieg eine Reise nach Frankreich, das war bestimmt ein riesiges Erlebnis.«

»Natürlich, aber am Tag vor der Heimreise gab es für mich einen politischen Schock.«

»Wieso?«

»Der Pariser Parteivorsitzende, er hieß Marceau Pivert, schenkte mir zum Abschied Paul Frölichs Buch über Rosa Luxemburg, ›Gedanke und Tat‹, eine deutsche Ausgabe aus Paris von 1939.«

»Was war daran denn schockierend?«

»Er sagte, gegen euch deutsche Jugendliche haben wir Franzosen nichts, fügte dann aber hinzu, wenn ihr daheim dem Schumacher oder dem Ollenhauer begegnet, dann sagt ihm, daß es zwischen den französischen Sozialisten und der SPD keine Parteibeziehungen geben wird, solange so ein maraud, das ist ein Halunke, wie der Carlo Schmid bei euch eine politische Rolle spielen kann.«

»Was hatte der denn gegen unseren frankophilen Professor?«

»Das hab' ich den Pariser Parteivorsitzenden auch gefragt.«

»Und?«

»Er hat behauptet, Carlo Schmid sei während der deutschen Okkupation Frankreichs Kriegsverwaltungsrat in Lille gewesen.«

»Nie etwas davon gehört. Konntest du denn Schumacher oder Ollenhauer die Information übermitteln?«

»Nein, keine Gelegenheit dazu gehabt.«

»Schade, aber in einer Parteiversammlung könntest du doch mal solche Geschichten erzählen. Die sind doch spannend.«

»Versammlungen mit Diskussionen sind bei uns doch lange passé. Wir machen doch nur noch Ehrungen, Empfänge und Feste.«

»Dann machen wir doch mal ein Fest mit Geschichten-Erzählen.«

»Ja, vielleicht, wenn Ostern und Pfingsten auf einen Tag fallen.«

Else Huth schweigt. Altfalke Eimer greift nach seiner Bierflasche und sagt: »Komm, Genossin, laß uns austrinken, es ist schon spät.« Er betrachtet seinen Zigarrenstummel.

Else prostet ihm zu und fragt schüchtern: »Hast du für mich auch eine Zigarre?«

Werner Eimer greift in seine Jackentasche und gesteht: »Nein, aber ich hol' dir eine.«

Ziemlich steif tastet sich der Straßenbahner zur Theke.

Else Huth wartet lange. Als sie Eimer leicht schwankend den Saal verlassen sieht, geht auch sie frische Luft schnappen.

Sie bleibt an der Treppe stehen und beobachtet eine Gruppe älterer Mitglieder, die sich still und müde auf den Heimweg begeben. Auch der Zahnarzt Eisele kommt an ihr vorbei, bleibt stehen und meint feixend: »Du siehst gut aus, Else, hattest du einen Blutsturz?«

»Widerlicher Kerl«, antwortet sie und geht in den Saal zurück.

Schacht spielt eine Rumba, Hanna und Bruno tanzen und einige klatschen im Takt dazu. Else Huth zählt noch etwa zwanzig Festgäste.

Katja Schmollinger sagt zu Ulrich Boltz: »Vor vierzehn Tagen habe ich dich bei der Europa-Konferenz im Hilton vermißt.«

»Da kriege ich doch keine Einladung. Wie kommst du denn dahin?«

»Ich erhalte immer noch die Einladungen für Albert.«

»Ach so. War's gut?«

»Nein, lange Referate, aber keine Diskussion.«

»War wenigstens das Essen gut?«

»Nein, die Hammelkoteletts waren zäh wie Juchtenleder.«

Boltz lacht und meint: »Typisch EG.«

Spaßvogel Förster hat zugehört und sagt: »Laßt euch einen Gastronomiewitz erzählen.«

»Na los!«, ruft Katja.

»Also, da ist ein feiner Herr in eine armselige Kneipe geraten. Er ist hungrig, konnte aber nichts Besseres finden. Während er auf sein Essen wartet, betrachtet er den herumstolzierenden Kellner und glaubt, ihn zu kennen. Waren Sie früher nicht im Grand-Hotel? fragt er den Mann. Ja, da war ich mal, antwortet der, worauf der feine Pinkel bedauernd meint: Und so tief sind Sie gesunken, daß Sie jetzt in dieser Spelunke kellnern müssen? Jedenfalls nicht so tief wie Sie, daß ich hier essen müßte, entgegnet der Ober.«

Förster freut sich, daß alle lachen, verneigt sich und geht weiter. Als er Petra Lorenz sieht, fragt er sie: »Ihr bösen Jusos habt wieder was vor, stimmt's?«

»Ja, eine Ortsvereinszeitung mit kritischen Beiträgen.«

»Gut gemeint, aber ihr seid viel zu ernst, ihr jungen Leute. Ihr braucht stechenden Witz.«

»Hast du einen auf der Zunge?«

»Ja. Da wird ein Genosse gefragt: Wieso hast du ein blaues Auge? Und er antwortet: Ich bin Mathematiker, und meine Frau ist unberechenbar.«

»Leider ist die Partei noch immer männlich, trotz des weiblichen Artikels.«

»Richtig, deshalb müßt ihr die verknöcherten Kerle ausziehen, damit sie sich blamieren.«

»Gut gesagt, aber wie kann das praktisch laufen?«

»Wir haben als junge Genossen in den Aufbaujahren auch ständig gegen die Alten kämpfen müssen. Bei einer Vorstandswahl im Ortsverein haben wir aus Jux einmal einen als Beisitzer vorgeschlagen, den es überhaupt nicht gab' und den haben sie gewählt.«

»Na und?« fragt Petra.

»Was heißt na und, die haben blöd geschaut.«

»Das bringt nichts, Hans-Peter. Nicht blöder, gescheiter müssen wir die Genossen machen.«

»Und die Genossinnen auch«, entgegnet Förster. Er gibt Petra die Hand und sagt: »Auf Wiedersehen beim nächsten Fest, ich muß morgen früh zeitig bei meinen Atheisten sein.«

»Wer sind denn die?«

»Das sind meine Rothenheimer Karnevalisten,

die haben jeden Sonntag um zehn ihren Stammtisch im Rübenloch. Kannst ja mal hinkommen, da triffst du auch einige Genossinnen und Genossen, die im Parteileben ausgestorben sind. Tschau, Petra.«

»Mach's gut, Hans-Peter.«

»Mach's besser! Brüderliche Kampfesgrüße an unseren Vorsitzenden.«

Die leere Bierflasche in seiner Hand reicht er der vorbeiflitzenden Anneliese und schlendert hinaus. Viele gehen mit, auf dem Weg zur Tür angeregt plaudernd. Neben dem Ausschank ist noch ein Damentisch besetzt.

Petra lobt die dicke Luise Metzger: »Ohne deinen blendenden Service wären wir hier heute verdurstet. Du hast eine Menge Kilometer gemacht.«

Luise nimmt einen tiefen Schluck, wischt sich mit dem Handrücken den Mund ab und sagt: »Der Arzt hat mir Bewegung empfohlen... Bier natürlich nicht. Aber was soll's, wir hatten hundertfünfzig Besucher, und das ist ein Mordserfolg.«

»Bei hundertneununddreißig Ortsvereinsmitgliedern ist das überwältigend«, meint Petra. »Sehr viele Genossen habe ich vermißt. Manche hatten zwar ihre Frauen mitgebracht, doch die sind ja meist nicht in der Partei. Die Arbeiterwohlfahrtleute waren gut vertreten. Nichtmitglieder hab' ich nur wenige gesehen, das heißt, wir waren sozusagen unter uns.«

»Aber vier Neuaufnahmen waren da«, trumpft Luise auf.

»Zwei davon, die Berta Strauch und die Ilona Schanzenbach, sitzen ja hier. Hat's euch gefallen, sagt mal was.«

»Ich fand's ganz schön«, meint Berta.

»War nicht schlecht«, fügt Ilona hinzu, »aber man kennt hier ja noch kaum jemand.«

»Verheiratet? Kinder?« fragt Petra.

»Berufstätig, alleinstehend, kinderlos«, antwortet Ilona.

»Ich bin geschieden, arbeite und habe zwei schulpflichtige Kinder«, berichtet Berta.

»Und wer betreut sie?« will Petra wissen.

»Meine Mutter.«

Mit der Frage »Und wo arbeitet ihr?« setzt die sommersprossige Liesel Häusler das Verhör fort.

»Ich bin technische Zeichnerin bei den Kraftwerken«, antwortet Berta.

»Und ich Sekretärin beim Verkehrsamt«, fügt Ilona hinzu.

»Wo hat euch der Konrad Hofferbert denn geworben?« bohrt die Häusler weiter.

»Wir kennen ihn von ÖTV-Versammlungen«, antwortet Ilona.

»Und wo arbeiten die beiden neuen Genossen?« fragt Rosi Hainbuch.

»Beide, der Kleinich und der Taube, sind beim Wohnungsamt«, bemerkt Berta Strauch.

»Da ist doch auch der Hofferbert«, wirft Petra ein.

»Der wirbt am Arbeitsplatz Mitglieder«, entgegnet die Metzger, »das ist doch vorbildlich.«

»Und wo sind sie jetzt, die beiden neuen Genossen?« möchte Petra wissen und schaut suchend umher.

»Die sind schon gegangen«, sagt Ilona Schanzenbach und fügt lächelnd hinzu »der Hofferbert hat sie mitgenommen.«

Berta streicht ihre blonde Mähne zurück und erklärt: »Wie ich hörte, wollten die drei noch ins Rothenheimer Braustübl.«

»Das ist ja hochinteressant«, sagt Petra auffahrend, »das soll doch neuerdings ein Nazitreffpunkt sein. Die Hanna hat's in ihrem Salon erfahren.«

Luise Metzger wischt einige Krümel vom Tisch und meint dann ganz gelassen: »Ist doch lächerlich, überall Nazis zu sehen.«

Wie um abzulenken, sagt die alte Rosi Hainbuch: »Eigentlich hätte sich unser Genosse Oberbürgermeister hier heute mal blicken lassen können.«

»Habt ihr's nicht gelesen?« sagt Luise Metzger, »der ist doch bei einem Kongreß in Amerika.«

Petra steht auf und sagt im Gehen: »Na ja, Reisen bildet ja bekanntlich.«

Stolz hebt da die Rosi Hainbuch ihren Graukopf und verkündet: »Jawohl, das stimmt. Ich habe jetzt an einer herrlichen Kreuzfahrt durchs Mittelmeer teilgenommen ... «

Sie möchte weiterreden, doch Luise Metzger fällt ihr mit der Frage ins Wort: »Kreuzfahrt, ist das was Frommes?«

Einige lachen, auch Rosi.

Luise Metzger erhebt sich ächzend und meint: »Ich hab' noch Arbeit, einer muß schließlich aufräumen.«

»Darf man helfen?« fragt Berta Strauch.

»Laß mal«, antwortet Luise, »ihr Neuen kennt euch ja hier noch nicht aus.«

Luise Metzger bewegt sich mühsam zum Schanktisch.

Dort stellt Gewerkschaftssekretär Meinhardt dem Ewald Huber die Frage: »Warum gründet die Stadt denn jetzt mit privaten Partnern ein neues Wohnungsbauunternehmen, wo es doch bereits zwei städtische Baugesellschaften gibt?«

»Wir brauchen dringend private Grundstücke, sonst können wir keine Wohnungen bauen«, antwortet Huber.

»Ich will dir sagen, was ihr braucht«, entgegnet Meinhardt gereizt, »neue Direktorenstellen sind's, die gesucht werden.«

Die junge Stadtverordnete Wilma Grünewald faucht: »Hättet ihr Gewerkschafter die Neue Heimat nicht pleite gemacht, besäßen wir ein leistungsfähiges Großunternehmen für unser Wohnungsbauprogramm!«

Kleinlaut sagt Meinhardt: »Der Vietor war halt ein Ganeff.«

»Laß den Albert aus dem Spiel, der Mann ist tot!« fordert Huber gebieterisch.

Wilma saugt lustvoll an ihrer Zigarette und meint mit listigem Lächeln: »Soll ich dir ehemaligem Bauarbeiter noch ein paar lebende Kumpane von Vietor nennen? Etliche aus unserer Stadt?«

»Schlagt euch bitte nicht!« ruft ein älterer Grauhaariger im Trachtenanzug dazwischen, »die Kapitalisten machen soziale Fehler, und die Sozialisten machen kapitalen Bockmist.«

»Sind Sie in der SPD?« fragt Wilma.

»Nein, ich bin parteilos.«

»Das ist Herr Jossmann«, erklärt Huber, »er betreibt ein Ingenieurbüro. Er hat uns die Kugelschreiber für den Wahlkampf gespendet.«

Während die Runde ehrfürchtig schweigt, sagt Jossmann ganz ruhig: »Sie müssen hier in Rothenheim aus Ihrer Stadtteilbegrenztheit heraus, Sie müssen global denken.«

»Wie meinen Sie das?« will die neue Stadtverordnete Grünewald wissen.

»Begreifen Sie doch bitte«, doziert Jossmann, »gegenwärtig geht eine konservative Welle rund um die Welt. Im Osten bringt das vielleicht mehr Humanität, im Westen kann es uns das Gegenteil bescheren, wenn die Demokraten nicht zusammenfinden.«

»Sie sind wohl für eine große Koalition?« fragt Jungsozialist Berti Lehnert.

»Ja«, antwortet Jossmann, »das wäre auf allen Ebenen die optimale Sicherung von Leistung und Kontrolle.«

Berti protestiert: »Die Versager sitzen doch immer in den Spitzenpositionen.«

Lächelnd meint Jossmann: »Mitnichten, junger Mann, faule Fische gibt's in allen Preislagen. Ich habe ein Zweigbüro in Berlin-Neukölln und auch Kontakte zu Ihrer dortigen Partei. Da wurde jetzt ein jüngerer Arbeiter zu einem Jahr Haft ohne Bewährung verurteilt, weil er zwölfmal in

Geschäften Gesellschaftsspiele, Süßigkeiten, Aale, Lachse und Makrelen angeblich für Feste im Auftrag und auf Rechnung seines SPD-Ortsvereins einkaufte, insgesamt für fast zehntausend Mark. Er hat die Waren weiterveräußert.«

Beschwichtigend meint Huber: »Strolche gibt's überall, schon immer.«

Grinsend sagt Berti Lehnert: »Aale, Lachse und Makrelen gab's hier heute nicht. Als kleiner Junge bekam ich von meiner Mutter immer Prügel, weil ich morgens den Kaviar und den Sekt nicht mochte.«

Alle lachten und Matthias Schacht spielt und singt: »Abends, wenn die Lichter glühn und tausend Wünsche im Verborgenen blühn ...«

Auch diesen Tanz lassen sich Hanna und Bruno nicht entgehen.

Ilona Schanzenbach, die Neue, dreht sich mit Juso Jens.

»Um noch mal auf die Strolche zurückzukommen«, meint Petra Lorenz, »da ist es in der Partei genauso wie in der Wirtschaft. Wer nicht unverschämt ist, der kommt zu nichts. Das sehen wir doch an unserem AW-Geschäftsführer. Schamlos hat er die Organisation ausgenutzt, und dafür kriegt er noch den Arsch vergoldet.«

»Lassen Sie mich, einen Außenstehenden, noch eine Bemerkung machen«, sagt der Ingenieur Jossmann, »meiner Meinung nach haben sich DGB und SPD doch nur aus politischer Resignation in eigene Geschäftsabenteuer gestürzt, weil sie nämlich nicht mehr daran glauben, unsere Wirtschaft und Gesellschaft in ihrem Sinne verändern und steuern zu können.«

Berti setzt das zum Trinken angehobene Bierglas wieder ab und meint: »Das ist doch alles nur eine Frage der Effizienz der Kontrolle. Schon Lenin hat gesagt: ›Vertrauen ist gut, Kontrolle ist besser‹.«

»Falsch zitiert«, wirft Jossmann ein, »er sagte: ›Mißtrauen ist gut, Kontrolle ist besser.‹ Das ist etwas völlig anderes.«

Erstaunt stellt da die Rosi Hainbuch fest: »Herr Ingenieur, Sie sind ja ein Linker.«

»Nein, nur ein Kenner.«

Gebieterisch meint Ewald Huber: »Theoretisiert nicht so viel, arbeitet praktisch. Wenn wir die Mehrheit haben, lösen wir alle Probleme.«

Ulrich Boltz unterstützt ihn mit der Bemerkung: »Ewald hat recht, hört auf den erfahrenen Strategen.«

Liesel Häusler gibt sich damit nicht zufrieden und macht den Einwand: »Nichts gegen die Mehrheit, aber in der Partei schalten und walten doch zunehmend kleine Klüngel.«

»So ist es, Liesel«, behauptet Juso Berti Lehnert, »je weniger kommen und mitreden, um so geschmierter läuft die Demokratie.«

»Laß den Zynismus!« platzt es aus dem altgedienten Kommunalpolitiker Ewald Huber heraus, »wir sind wieder stärkste Partei geworden, und wir stellen wieder den Oberbürgermeister. Mit der Handvoll Neonazis im Stadtparlament werden wir schon fertig. Die Stimmung in der Partei ist gut. Der heutige Festtag hat's doch gezeigt.«

Etwas gequält sagt Berti: »Ich hab' ja nichts gegen Feste, wenn wir darüber nicht das Nachdenken vergessen.«

Jossmann, der Parteilose, lächelt. Huber packt ihn am Arm und führt ihn weg. Auch die anderen verlassen die Theke.

Schacht spielt »Veronika, der Lenz ist da ... «

Drei Paare tanzen. Erich Damann steht am Rande, einen Besen in der Hand, und beobachtet die Szene. Weitere Grüppchen machen sich auf den Heimweg. Arbeiterwohlfahrt-Vorsitzender Paul Metzger ruft ihnen zu: »Die Blümchen auf den Tischen könnt ihr mitnehmen, wir werfen sie morgen doch weg. Aber die Vasen bleiben hier!«

Ludwig Schönfelder, Vorsitzender der Kleingartengemeinschaft Rothenheim e. V., fragt die mit Abräumarbeiten beschäftigte Rentnerin Martha Lauer: »Was habe ich gehört, du bist jetzt Schriftführerin im SPD-Ortsvereinsvorstand?«

»Ja, Ludwig, seit der Nachwahl für die ausgetretene Erika Pfaff.«

»Und wann kriegen wir das Protokoll der heutigen Sitzung?«

»Sobald in deinem Schrebergarten die Bananen reif sind«, entgegnet die weißhaarige Rentnerin und kippt randvoll gefüllte Aschenbecher in einen gelben Plastikeimer. Ludwig lacht, und Martha fragt: »Deine Tochter hat ja jetzt doch die Sozialwohnung in der Hochallee bekommen. Wie hast du denn das gedeichselt, die ist doch eine gut verdienende Dozentin?«

»Dreimal darfst du raten, du Schnüffelnase!«

»Was gibt's da zu raten, ein Bafögstudent ist als Mieter eingetragen.« Der Kleingärtner schweigt und geht.

Als die Tanzbereitschaft der stark geschrumpften Besucherschar gegen elf Uhr ganz erlahmt, verliert Musikant Schacht die Lust, nur noch für Hanna und ihren Galan zu spielen. »Ich bringe jetzt das Schlußlied!« ruft er in den Saal, und dann ertönt »So ein Tag, so wunderschön wie heute...« Einige singen mit. Danach klappt Schacht seine Orgel zu und verneigt sich. Er bekommt anhaltenden Beifall. Franz Meithner hilft dem Musiker beim Hinaustragen des Instruments. Vorsitzender Boltz verabschiedet draußen den Spielmann, klopft ihm auf die Schulter und beteuert: »Ohne dich, mein lieber Matthias, wäre unser Fest kein so schöner Erfolg geworden. Hast du schon dein Geld?«

»Alles mit Steffi bestens erledigt«, antwortet Schacht.

Auch Arbeiterwohlfahrt-Chef Metzger drückt dem Musiker die Hand. Seine Frau Luise bringt einen Plastikbeutel und meint lachend: »Nimm schon, Matthias, das sind ein paar Steaks, noch roh, tu sie gleich in deinen Kühlschrank. Einfrieren darfst du sie nicht mehr.«

Mit der Bemerkung: »Das wär' doch nicht nötig gewesen«, greift Schacht nach dem Geschenk, und mit einem »Macht's gut!« besteigt er seinen Bus. Boltz winkt ihm nach und fragt dann Luise: »Wo steckt Steffi?«

»Die sitzt hinten im Büro und macht ihre Kasse.«

An der Küche vorbei, wo Sozialarbeiter Meithner und Lehrerin Huth dabei sind, Ordnung zu schaffen, eilt Boltz in den Büroraum. Am Schreibtisch, dahinter ein Bildnis der AW-Gründerin Marie Juchacz, sitzt Steffi Brendel. Sie rückt ihre Brille zurecht und verkündet dem Vorsitzenden: »Wir haben neunzehnhundertachtundsiebzig Mark in der Kasse.«

»Und was müssen wir noch berappen?«

»So gut wie nichts mehr«, antwortet Steffi stolz. »Die Musik ist bezahlt, die Getränke habe ich schon mit Luise abgerechnet, und der Gottfried hat an seinem Grill ja wieder auf eigene Rechnung gearbeitet. Die Plakate, die Sachen fürs Kinderfest und die Preise für die Gewinner bei den Spielen waren alle gespendet oder mit Geldspenden finanziert.«

»Und was ist mit der Saalmiete für die AW?«

»Die hat unser Landtagsabgeordneter Alfred Reichel übernommen. Er macht ja immer mal eine Spende.«

»Also fast zweitausend Mark haben wir gutgemacht, sagst du?«

»Ja, Ulrich, so viel ist es unterm Strich.«

»Das ist ja wieder ein Bombenerfolg. Steffi, wir sollten außer dem Maitanz und dem Sommerfest auch noch ein Winter- und ein Frühlingsfest veranstalten.«

Sie nickt und meint: »Du bist Ortsvereinsvorsitzender, du hast es in der Hand.«

»Aber so ein Kinderfest, meine liebe Steffi, das war heute das erste und das letzte Mal.«

»Laß mal, Ulrich«, meint sie tröstend, »der Ewald wird das mit dem Schmierkram schon in Ordnung bringen, damit es uns kein Geld kostet.«

»Ja, ja, aber da war doch so ein junger Mann vom Stadtteilanzeiger da. Er hat mit mir und auch mit Gästen gesprochen. Ich habe ihm von den Schäden am Bürgerhaus kein Wort gesagt. Aber bei diesen Pressehengsten muß man auf alles gefaßt sein.«

»Keine Sorge, Ulrich, das Bübchen kenn' ich. Der kommt oft in unsere Altenwohnanlage zu unseren Seniorenveranstaltungen. Das ist ein Enkel unserer ehemaligen Stadträtin Bodenheimer. Der bringt über uns nichts Nachteiliges. Der wußte auch von dem Drogendepot im Altenheim und hat darüber keine Zeile gebracht.«

»Hoffentlich behältst du recht. Wie kommst du denn nach Hause?«

»Ich nehm' mir ein Taxi, denn ich hab' ja 'ne Menge Geld bei mir. Oder willst du die Kassette an dich nehmen?«

»Was soll das, Steffi. Seit mehr als zehn Jahren bist du unsere Kassiererin, und dir war noch nie etwas nachzuweisen.«

»Freu dich über den Kassenstand, aber werde nicht frech, Ulrich«, entgegnet die pensionierte Buchhalterin, verschließt die grüne Kassette und sagt: »Was hier jetzt noch gesüffelt wird, erledigt Luise. Ich nehm noch'n Kaffee und verschwinde.«

Boltz gibt ihr die Hand und sagt: »Komm gut nach Hause. Ich ruf dich an, wenn ich vom Huber weiß, was er beim Baudezernat wegen dem Dreck am Bürgerhaus erreicht hat.«

Auf dem Rückweg zum Saal wirft Boltz einen Blick in die Küche und meint anerkennend: »Alles wieder blitzsauber und aufgeräumt.«

Im Saal steht noch die Friseuse Hanna mit ihrem elegant gekleideten Freund am Tresen. Martha Lauer öffnet ihnen zwei Piccolos.

»Komm her, Ulrich, und trink mit uns«, ruft die wie immer fröhliche Blondine.

Boltz folgt der Aufforderung, mustert den bleichgesichtigen jungen Mann und sagt: »Ich hab' Sie noch nie in einer Parteiveranstaltung gesehen.«

»Ich Sie auch nicht«, ist die knappe Antwort des Jünglings.

»Unsere letzte Mitgliederversammlung liegt ja auch schon etwa drei Jahre zurück«, krächzt Hanna und reicht Boltz ein Glas Sekt.

Er nimmt einen Schluck und fragt: »Sind unsere Jahreshauptversammlungen etwa nichts?«

»Gewiß nichts Aufregendes«, antwortet Hanna spitz, »da wird doch nur gewählt und gezählt.«

»Ja und«, meint Boltz, »Wählen und Zählen, das ist mit das Wichtigste in einer Demokratie.«

»Früher haben wir auch noch diskutiert«, erwidert Hanna.

»Alles zu seiner Zeit«, knurrt der Vorsitzende, leert sein Glas und wendet sich ab.

Unter dem Spruchband »SPD: Gesicherte Zukunft« sitzen an zwei Tischen noch einige Unentwegte, die Boltz gebieterisch fragt: »Wollt ihr keinen Feierabend machen. Es geht auf Mitternacht, und du, Ewald, hältst auch noch durch?«

»Muß ich wohl«, antwortet der ehemalige Stadtverordnete Huber, »hier ging es ja wieder um Konsequenzen aus der Wahlanalyse.« Dem jungen Mädchen, das die Tische abwischt, ruft er zu: »Bringst du uns noch was zu Trinken?«

Boltz setzt sich neben Ewald und fragt: »Wer ist die Kleine?«

»Das ist Anneliese, eine Enkelin von Martha Lauer. Sie arbeitet im Gewerkschaftshaus in der Kantine.«

Erich Damann fügt hinzu: »Sie hilft uns fleißig, aber in der Partei ist sie nicht.«

Boltz greift nach seiner Brieftasche und sagt listig: »Wenn sie mit dem Bier kommt, kriegt sie von mir einen Aufnahmeschein.«

Schon ist sie da, verteilt die Bierflaschen, und Boltz hält sie am Arm fest. Sie wehrt seine Hand ab und sagt schroff: »Laß das!«

Er reicht ihr die Beitrittserklärung und sagt: »Wenn du schon fleißig für uns arbeitest, solltest du auch Parteimitglied sein.«

Schlagfertig antwortet die Schwarzgelockte: »Solange euer Lafontaine den Gewerkschaften Lohnverzicht zumutet, trete ich nicht in die SPD ein.«

Sie wirft das Beitrittsformular auf den Tisch und verläßt das Fest, ohne sich von ihrer Tante Martha zu verabschieden.

AW-Funktionär Paul Metzger entrüstet sich: »Ja, so sind sie heute, die jungen Leute. Immer nur fordern, aber sich selbst engagieren, das lehnen sie ab. Die haben keine Ahnung davon, wie wir damals in den Not- und Aufbaujahren nach dem Krieg Kohldampf geschoben und trotzdem geschuftet haben.«

Erregt sagt Sozialarbeiter Meithner: »Ja natürlich, ihr habt viel geschafft, aber ihr wußtet auch, daß es damals, Fünfundvierzig, nach dem Ende der Katastrophe nur aufwärtsgehen konnte. Ihr hattet die Gewißheit, daß das Schlimmste überstanden war. Wir Jungen müssen heute damit rechnen, daß wir ein ökologisches oder nukleares Desaster vor uns haben. So ein Gedanke ist nicht gerade sehr motivierend.«

»Wohnungsnot, Arbeitslosigkeit und Umweltzerstörung wirken gerade auf die Heranwachsenden besonders deprimierend. Das weiß ich als Lehrerin am besten«, meint Else Huth.

Kassiererin Steffi Brendel kommt durch den Saal. Ihre Tasche trägt sie fest an die Brust gepreßt. Luise und Martha begleiten sie zum Ausgang. Steffi winkt der Runde zu.

»Nehmt euch an Steffi ein Beispiel, ihr Jungen«, ruft Boltz, »sie hat mit dafür gesorgt, daß wir heute an die zweitausend Mark in unsere Ortsvereinskasse bekamen, und sie ist schon über sechzig und nicht mehr so gesund.«

Da kann die junge Verlagsangestellte Petra Lorenz nicht mehr an sich halten und fährt auf: »Ja, Geld, Posten und Mandate, und immer wieder Moneten, das ist für euch Vorstandsärsche das Wichtigste. Das Bewußtsein der Menschen aber, das ist euch scheißegal.«

Wilma Grünewald, Hubers junge Nachfolgerin im Stadtparlament, die lange Zeit geschwiegen hatte, sagt: »Nun mal sachte, liebe Petra. Eh du alte, verdiente Genossen mies angreifst, laß dich fragen, was denn aus deiner groß angekündigten Jusoarbeit im Ortsverein geworden ist. Schon lange macht ihr keine Veranstaltungen mehr. Euer Blättchen ist gerade zweimal erschienen. Dein Juso-Laden ist doch pleite.«

»Hör auf, Wilma«, meint die Angegriffene, »seitdem du in der Aufsteigerkurve liegst, haben wir auch dich bei den Jusos nicht mehr gesehen.«

Katja Schmollinger, die bisher still zuhörende Professorenwitwe, macht den spöttischen Einwurf: »So harmonisch war das Parteifest ja nun auch wieder nicht, daß dieser dissonante Ausklang als harter Kontrast empfunden werden könnte.«

Ulrich Boltz macht ein böses Gesicht, erhebt sich und sagt gebieterisch: »Ich habe das Parteifest eröffnet, und ich schließe es jetzt.«

Auch Katja steht auf, nickt den anderen ermunternd zu und geht zur Tür.

Boltz folgt ihr nach draußen und holt tief Luft. Zurück in den Saal ruft er: »Die Lichterketten brennen noch!«

»Begleite mich durch die dunkle Baumallee«, bettelt Katja, »vorige Woche wurde hier eine Nachbarin überfallen und beraubt. Bis zu mir ist es ja nicht weit.«

Zögernd geht er mit.

»Nimm's nicht so tragisch, Ulrich», versucht sie ihn zu trösten, »in dem tristen Schuppen der AW kann ja auch keine richtige Feststimmung aufkommen.«

»Kannst recht haben, Katja«, pflichtet er ihr bei. »Nächstes Jahr haben wir das neue Bürgerhaus mit dem schönen Saal und den gemütlichen Clubräumen zur Verfügung. Das wird pieknobel. Da kriegt unser Parteifest eine ganz andere Atmosphäre.«

Sie kommen zur Reihenhaussiedlung am Hasenanger, bleiben am ersten Seitenweg stehen, und Katja sagt: »Komm noch auf einen Sprung mit rein.«

Er trottet hinter ihr her, und im Flur des kleinen Reihenhauses drückt sie sich fest an ihn und jammert: »Seit Alberts Tod hatte ich keinen Mann mehr. Heute brauche ich unbedingt einen Spargel.«

Sie spürt, daß sich bei Boltz etwas regt, und ordnet an: »Geh schon rein ins Zimmer, ich muß mal auf den Topf und komme sofort wieder.«

Er betritt das kleine Wohnzimmer, findet nicht gleich den Lichtschalter und läßt sich in einen schwarzen Ledersessel sinken.

Boltz erinnert sich an seinen letzten Besuch in diesem Haus vor etwa drei Jahren. Damals lebte Albert Schmollinger noch. Katja mußte jetzt um die Vierzig sein. Sie war viele Jahre Alberts Sekretärin im Institut für Völkerkunde, wo der Genosse Professor als international anerkannte Kapazität forschte und lehrte. Albert war schon sehr krank, als er die etwa zehn Jahre jüngere Katja heiratete.

Boltz bestaunt die überquellenden Bücherregale.

Die über der schwarzledernen Couch an der Wand hängenden afrikanischen Masken findet er gräßlich. Er denkt an den Tag zurück, an dem er Albert hier noch einmal besuchen konnte. Der stets Temperamentvolle war schon beängstigend abgemagert, erzählte aber trotzdem lachend von einem Hakenwurm, der ihn in Afrika befallen habe und seine Leber und Milz zerfresse. Bald darauf starb er, gerade Fünfzig, ein Mann der Wissenschaft, so klug, so welterfahren und doch so unvorsichtig, denkt Rechnungsführer Boltz. Naja, sagt er sich, Katja hat jedenfalls das Haus und sicher eine schöne Professorenpension. Da kommt sie auch schon herein. Sie trägt ein langes weißes, durchsichtiges Negligé. In der einen Hand hat sie eine Flasche und in der anderen zwei große Cognac-Schwenker. Etwas unsanft stellt sie die Sachen auf die gläserne Tischplatte und sagt gebieterisch: »Grüble nicht, schenk uns ein, das ist Calvados aus der Normandie. Der macht ein Trou Normand, ein normannisches Loch in den Bauch, und das tut gut.«
Er gießt ein, sie entschwindet und kommt nach wenigen Minuten mit einer Zwiebelmusterschüssel zurück. »Das sind Hummernschwänze«, schnalzt sie genüßlich. Sie bringt noch eine Tunke und eine Baguette, läßt sich in einen Sessel fallen und befiehlt: »Los, iß, du mußt heute noch hart arbeiten.«

Er macht es ihr nach, taucht einen Hummerschwanz in die gelbliche Soße, verspeist ihn und konstatiert: »Vorzüglich.«

»Freut mich«, sagt sie und schmatzt genußfreudig. Mit prüfendem Blick hebt sie ihr Glas hoch, stellt es wieder hin und weist Boltz zurecht: »So nicht, mein Lieber.« Lachend greift sie zur Calvadosflasche, gießt die Gläser randvoll und sagt: »Bei mir wird jede Kapazität maximal genutzt. – Komm schon«, ermuntert sie ihn, »sagen wir NDP, na denn prost!«

Schüsseln und Flasche leeren sich zusehends. Katja lehnt sich mit erhobenen Armen zurück und verkündet: »Ich hab' jetzt eine Einladung in das Dorf in Äthiopien, wo sie Albert zum Ehrenmedizinmann ernannten. Im Frühjahr fahre ich hin. Zwei vom Institut kommen mit. Dort lagern noch einige Kisten mit Funden von Alberts letzter Forschungsreise. Da sind wertvolle Sachen dabei, die müssen wir holen.«

Boltz nickt beeindruckt und sagt: »Du hast Mut, Mädchen.« Bewundernd betrachtet er ihre gewaltigen Brüste. Sie schiebt ihm einladend die Hummernschüssel zu, doch er wehrt ab und beteuert: »Danke, Katja, schmeckt hervorragend, aber ich kann nicht mehr.«

Da sitzt die rothaarige Teufelin auch schon auf seinem Schoß und läßt aus ihrem Mund ein Stück Hummerschwanz zum Vorschein kommen. Sie schlingt ihre Arme um ihn, und er fühlt, wie ihm das Hummernteil zwischen die Lippen gepreßt wird. Ekel erfaßt ihn, und er spuckt. Katja springt auf, prustet gewaltig, stürzt aus dem Zimmer, und Boltz hört sie schimpfend die Treppe hinaufstolpern. Verwirrt schaut er auf seine Uhr und sieht, daß es schon fast eine Stunde nach Mitternacht ist. Unschlüssig wartet er eine Weile und steigt dann behutsam die steile Treppe hinauf.

Er hat ein Gefühl, als habe der Calvados ihm nicht nur ein Loch in den Bauch, sondern auch eins in den Kopf gebrannt. Oben angelangt, verharrt er zaghaft vor einer spaltbreit offenen Tür. Drinnen brennt Licht, und nach einigem Zögern schaut er hinein. Auf den Fliesen der Toilette sieht er eine Menge Erbrochenes. Angst befällt ihn, und rasch öffnet er die nächste Tür, die mit dem erleuchteten Glasfenster. Katja liegt verkrümmt auf dem Bett. Er tritt näher und sieht ihr Gesicht in einer schmierigen gelben Pfütze liegen. Behutsam versucht er sie aufzurichten, will das verschmutzte Kopfkissen entfernen, da schnellt sie hoch, stößt ihn weg und schreit: »Hau ab, du Schlappschwanz, du Vorsitzender! Mein Professörchen konnte es noch auf dem Totenbett.«

Boltz weicht erschrocken zur Tür zurück und stammelt: »Ich laß das Licht brennen, Katja.«

Wütend schlägt sie mit ihrem rechten Arm mehrmals aufs Bett, heult auf und kreischt hysterisch: »Hau ab, hab' ich gesagt!« Boltz taumelt die sehr schmalen hölzernen Stufen zum Hausflur hinunter, drückt den Türgriff und flüchtet mit einem »Gottseidank offen!« nach draußen. Er saugt die kühle Nachtluft ein und marschiert stramm in Richtung Festplatz.

Was da links hinter den Bäumen in regelmäßigen Abständen kurz aufleuchtet, weckt erst die Aufmerksamkeit des noch immer etwas konfusen Vorsitzenden, als er das AW-Heim fast erreicht hat. Er beschleunigt seine Schritte und sieht vor dem noch hell erleuchteten Haus ein Polizeiauto mit rotierendem Blaulicht stehen. Boltz stürmt die Stufen hinauf in den Saal.

Ihm bietet sich ein Bild der Verwüstung. Tische, Bänke und Stühle sind umgestürzt, viele zerbrochen.

Fensterscheiben sind zertrümmert, Vorhänge sind heruntergerissen, der Fußboden ist übersäht mit zerschlagenen Flaschen und Gläsern. Links an der Saalwand sieht Boltz ein großes schwarzes Hakenkreuz, daneben SS-Runen. Vom großen Seitenvorhang mit dem SPD-Spruchband hängen nur noch einige Fetzen.

An die Wand ist in großen Buchstaben »Sozis raus!« gesprüht. Völlig erstarrt betrachtet Boltz den demolierten Saal; dann schreit er: »Was ist denn hier passiert?«

Da ihm keiner antwortet, wagt er einige ängstliche Schritte, versucht zwischen den kreuz und quer herumliegenden Tischen und Bänken die unzähligen Glasscherben zu meiden, stolpert und bleibt erschrocken stehen, als jemand ruft: »Ulrich, wir sind im Büro!«

Boltz blickt auf und erkennt an der Hintertür Erich Damann, der seinen linken Arm hochhebt. An der rechten Hand trägt er einen Verband. Boltz tastet sich weiter, streckt Damann beide Arme entgegen und hört ihn stammeln: »Wir sind überfallen worden --- Ulrich --- du warst kaum weg.« Boltz ist noch immer fassungslos und wird erst wieder aufnahmefähig, als er die Frage hört: »Und wer sind Sie?«

Vor ihm steht ein junger Polizist.

»Ich bin Ulrich Boltz, der Vorsitzende des Ortsvereins Rothenheim der Sozialdemokratischen Partei Deutschlands. Wir haben hier unser Parteifest.«

»Das hatten Sie mal. Inzwischen war hier die Hölle. Darf ich Ihren Personalausweis sehen?«

Zuerst greift Boltz in die rechte Brusttasche, findet das Dokument dann in der linken und reicht es dem Polizist. »Ich bin Beamter bei der Stadtverwaltung«, fügt er hinzu.

»Waren Sie Zeuge des Überfalls?« will der Ordnungshüter wissen, als er Boltz den Ausweis zurückgibt.

»Nein.«

»Und wo waren Sie in der fraglichen Zeit?«

»Ich war mal an der frischen Luft, hab' mir die Beine vertreten.«

»Sie haben also nichts gesehen und gehört, haben von dem Vorfall nichts mitbekommen?«

»Überhaupt nichts«, murmelt Boltz. »Als ich eben zurückkam, sah ich die Bescherung. Ich bin noch wie vor den Kopf geschlagen.«

Ein zweiter, etwas älterer Polizist kommt aus dem Büro, in der Hand eine Kladde.

Der junge Beamte deutet auf Boltz und sagt: »Das ist der Parteivorsitzende. Er war vorübergehend weg, hat nichts gesehen und gehört. Der Mann ist für uns ohne Belang.«

»Dann haben wir alle notwendigen Aussagen.

Die Täterbeschreibungen habe ich durchgegeben. Die Verletzten sind versorgt. Mehr können wir hier jetzt nicht mehr tun.« Mit diesen Worten schiebt sich der ältere Polizist an seinem Kollegen, an Damann und Boltz vorbei durch den engen Gang und sagt im Gehen zu den beiden: »Wir haben alle Personen- und Sachschäden registriert. Personalien und Aussagen sind festgehalten. Wegen der weiteren Bearbeitung des Falles bekommen Sie zu gegebener Zeit vom 12. Revier eine schriftliche Vorladung.«

Die Polizisten grüßen und verlassen das Haus. Der jüngere Beamte kommt noch einmal zurück und rät: »Ich sehe, Sie haben Fensterläden. Schließen Sie die, damit das Haus gesichert ist.«

Boltz, sichtlich bemüht, nun wieder ganz Vorsitzender zu sein, fragt gebieterisch: »Erfahre ich nun endlich einmal ganz genau, was hier während meiner Abwesenheit vorgefallen ist?«

Damann antwortet: »Geh rein ins Büro, dort sind die anderen. Gleich bin ich wieder da. Ich mach' erst mal die Fensterläden rundrum dicht.«

In dem kleinen Raum sieht Boltz drei Genossinnen und zwei Genossen: den AW-Vorsitzenden Paul Metzger und dessen Frau Luise, die Rentnerin Martha Lauer, Lehrerin Else Huth und den Sozialarbeiter Franz Meithner. Die Männer schauen verstört drein, Luise und Martha weinen.

Paul Metzger hat einen Arm um seine Frau gelegt. In kurzen Abständen schüttelt er seinen Graukopf.

Rentnerin Martha zittert und betupft ihr Gesicht

mit einem Taschentuch. An der Wand steht Lehrerin Else und blickt starr geradeaus. Quer über ihre Stirn ist ein breites Pflaster geklebt.

Hinter dem Schreibtisch sitzt Franz Meithner, das Kinn auf die Hände gestützt, auf der linken Wange und über dem rechten Auge kleben Pflaster.

Boltz mustert die triste Runde, holt mehrmals tief Luft und bringt endlich die Frage heraus: »Leute, was ist passiert?« In ihm rumoren der Calvados und ein schlechtes Gewissen.

Meithner sagt: »Neonazis haben uns überfallen. Kaum warst du mit Katja gegangen, stürmten mehrere schwarzuniformierte Kerle herein, neun habe ich gezählt.«

»Es waren zehn«, ruft Else Huth dazwischen.

»Meinetwegen«, sagt Meithner, »wir waren total überrascht. ›Sozis raus!‹ brüllten sie, und ›Raus mit euch roten Schweinen‹!«

»Ich dachte zuerst, das sei ein Ulk«, bekennt Else Huth kleinlaut, »doch als sie Tische und Bänke umwarfen, Stühle kaputtschlugen und Flaschen durch die Luft schleuderten, wußte ich, daß es ernst war.«

»Wir duckten uns und haben uns auf den Boden geworfen«, beschreibt Meithner die Situation. »Damann war gut, er riß den Feuerlöscher von der Wand und schäumte die Kerle ein. Darauf waren die nicht gefaßt und erst mal irritiert. Paul, Luise und Martha nutzten die Gelegenheit, rannten ins Büro, verschlossen hinter sich die Türen und riefen die Polizei an.«

»Glaub mir«, sagt Else Huth und greift nach Ulrichs Hand, »wir wehrten uns, so gut wir nur konnten. Der Erich schlug mit dem leeren Feuerlöscher zu, Wilma hat einem 'ne Flasche direkt ins Gesicht gehauen. Der hat sofort stark geblutet, und mit ihrer Karatetechnik hat sie mindestens zwei der Typen aufs Kreuz geschleudert. Ich hab' mit 'ner Vorhangstange um mich gehauen, aber das brachte natürlich alles nichts, denn die Dreckskerle waren uns überlegen. In allen Ecken krachte und splitterte es. Einige von uns lagen schon am Boden, da bekam ich einen Schlag von hinten auf den Kopf und fiel hin.«

»So ging es mir auch«, erzählt Meithner weiter. »Der Lange mit der Glatze, der Anführer, der haute mir übers Auge, als ich nach ihm treten wollte. Zum Glück hatte ich meine Brille abgesetzt. Da kam Erich Damann mit zwei brennenden Fackeln heran. Weiß der Teufel, wo er die her hatte. ›Raus, Leute! Es brennt!‹, brüllte der Kahlkopf, und schon war die Bande verschwunden.«

»Wir haben hier im Büro die Schreie und das Gepolter gehört«, lamentiert Paul Metzger, »das sind ja alles nur dünne Holzwände hier. Als wir dann die Martinshörner hörten, zögerten wir keine Sekunde mehr und sind in den Saal zurückgelaufen. Ich habe die Zeit genau verfolgt. Nach meinem Anruf beim Revier dauerte es nur dreizehn Minuten.«

Alle erschrecken, als die Tür aufgerissen wird, doch es ist nur Erich Damann, der hereinkommt und verkündet: »Alle Fensterläden sind zu und verriegelt. Ich hab' auch den Eingang und die Hintertür verschlossen. Gottseidank steckten die Schlüssel noch.«

»Und was ist mit den anderen? Sind welche ernsthaft verletzt?« will Boltz wissen.

»Das kannst du aber annehmen«, antwortet Damann. »Ewald Huber hat kräftig zugeschlagen. Hätte ich ihm nicht zugetraut. Er hat Schnittwunden im Gesicht.«

»Waren denn gleich die Krankenwagen da?« will Boltz wissen. »Natürlich«, antwortet Meithner. »Mit den drei Polizeifahrzeugen und dem Dutzend Beamte sind drei Krankenwagen gekommen und ein Notarztwagen. Es wimmelte von Polizisten und Sanitätern.«

»Wilma Grünewald hat es wohl am schwersten erwischt«, sagt Else Huth. »Als die Schläger begriffen hatten, daß sie eine Karatekämpferin ist, stürzten sich gleich mehrere auf sie, traten ihr in den Bauch und ins Gesicht. Sie ist als erste abtransportiert worden.«

»Auch Petra Lorenz hat stark am Kopf geblutet«, setzt Damann den Report fort. »Sie hat so einem kleinen Schwarzkittel in den Bauch getreten und bekam im selben Moment von einem, der einen Motorradhelm trug, eins mit 'ner Flasche übern Kopf.«

»Hanna und ihr komischer Freund tun mir besonders leid«, sagt Meithner. »Die standen in der Ecke neben der Theke, knutschten herum und rannten denen direkt in die Arme.«

»Und was ist mit ihnen?« fragt Boltz.

»Die Hanna hat Zähne verloren und der junge Mann soll wohl Rippenbrüche haben, sagte mit der Notarzt«, berichtet Damann. Martha und Luise schluchzen. Paul Metzger redet beruhigend auf sie ein: »Nun laßt mal, es hätte alles noch viel schlimmer enden können. Der Arzt hat uns versichert, daß keine lebensgefährlichen Verletzungen dabei sind.«

»Und wo sind die Verletzten?« fragt Boltz.

»Alle im Stadtkrankenhaus«, erklärt Damann. »Ich gehe morgen nachmittag hin und informiere mich.«

»Ich komme mit, wir telefonieren miteinander«, sagt Boltz. »Wer kümmert sich aber nun um die Schäden am Bürgerhaus, während der Genosse Huber im Hospital liegt?« fragt Paul Metzger besorgt.

In scharfem Ton stellt Damann fest: »Verglichen mit dem, was die Neonazihorde hier angerichtet hat, sind die Kleckse an der Hauswand eine Lappalie, mein lieber Paul. Dieser Kinderkram kann doch hier jetzt kein Thema sein!«

»Laß das mal auf sich beruhen, Paul«, meint Boltz, »schließlich habe ich auch meine Beziehungen zur Bauverwaltung. Ich erledige das schon.«

»Den Unterbezirksvorstand der Partei muß einer verständigen«, schlägt Damann vor, »den AW-Vorstand hab' ich benachrichtigt.«

»Das mache ich sofort, sobald ich zu Hause bin«, bemerkt Boltz kühl. »Da nehme ich keine Rücksicht auf die späte Stunde.«

»Hoffentlich erreichst du einen von unseren

Prominenten«, erwidert Meithner bereits wieder mit leicht spöttischem Unterton.

»Laß jetzt die Sticheleien«, sagt Boltz. »Konntet ihr den Polizeibeamten denn hinreichende Täterbeschreibungen geben? Die Terrorbande muß doch geschnappt werden.«

»Wir haben alles ausgesagt, was wir gesehen haben, auch kleinste Einzelheiten über diese Dreckskerle«, erklärt Else Huth. »Ob es was bringt, bleibt abzuwarten.«

»Einen großen Schraubenzieher mit rotem Plastikgriff, ein Amulett, eine Farbsprühdose und ein Klappmesser haben die Beamten zwischen den Scherben gefunden und mitgenommen«, ergänzt Damann, »solche Beweisstücke könnten Hinweise geben.«

»Na, das ist doch etwas«, meint Boltz, »unsere Polizeifahnder werden nicht untätig sein.« Er versucht zu lächeln und meint, »Franz, bestelle uns jetzt zwei Taxis, es wird Zeit, daß wir endlich ins Bett kommen.«

Alle erheben sich. »Hat denn jemand noch Schmerzen?« will Boltz wissen. Franz, Erich und Else schütteln die Köpfe, und die Lehrerin versichert: »Am Montag mache ich meinen Unterricht.«

Meithner telefoniert nach den Taxis. Erschöpft verlassen die letzten Teilnehmer des Parteifestes den Ort der Verwüstung in der Rothenheimer Landstraße. Alle durchqueren den Saal mit gesenktem Blick. Nur Paul Metzger bleibt noch einmal stehen und meint: »Sieht ja alles fürchterlich aus, aber Büro, Küche und Lagerräume sind gottseidank unbeschädigt geblieben.«

»Und meine Klampfe ist auch noch heil«, sagt Damann. Er lacht und reckt mit seiner linken unversehrten Hand das Instrument triumphierend in die Höhe. »Weil die Genossinnen und Genossen keine Arbeiterlieder hören wollten, hab' ich sie im Büro deponiert. So ein Mangel an Gesinnung bringt also auch mal was Gutes.«

»Laß doch jetzt die Frotzelei!« mahnt Boltz. »Den Saal und die Einrichtung kriegen wir rasch wieder hin, und dann, Erich, sollst du mal einen Liederabend machen.« Damann schweigt, schaltet das Licht aus, verschließt die Tür, während das erste Auto bereits vorfährt. Es rollt bis an den Eingang heran, ist aber kein Taxi, sondern ein Streifenwagen der Polizei. Boltz geht hin, spricht mit den Beamten, kommt zurück und verkündet: »Die behalten das Haus die ganze Nacht über im Auge. Wir können beruhigt heimgehen, auf die Beamten ist Verlaß.«

»Noch lieber wären mir die Jungs, wenn sie mit einer kampfstarken Delegation an unserem Parteifest teilgenommen hätten«, meint Damann. Keiner lacht darüber.

Else Huth sagt lobend: »Dem Genossen Damann mit seinen Fackeln haben wir es zu verdanken, daß die Nazihorde die Flucht ergriff.«

»Ja, der Erich, der ist noch einer, der denken und zupacken kann«, sagt Martha Lauer.

»Euch allen gebührt unsere herzliche Dankbarkeit und höchste Anerkennung«, erklärt Boltz und legt viel Würde in die Stimme. »Ihr habt bewiesen, daß unsere Partei sich auch in schwierigsten Lagen auf ihre Mitglieder fest verlassen kann.

Unseren verletzten Genossinnen und Genossen gilt jetzt unsere ganze Solidarität.«

Paul Metzger beeilt sich hinzuzufügen: »Auch wir von der Arbeiterwohlfahrt werden den Betroffenen helfend zur Seite stehen.«

Zwei Taxis fahren heran. Nach einigem Hin und Her herrscht Einvernehmen über die Fahrtrouten, und die sieben verteilen sich auf die beiden Wagen. Boltz läuft Damann hinterher und sagt zu ihm: »Bei unserem Besuch im Krankenhaus brauchen wir rote Nelkensträuße. Denk doch bitte dran.« Dann steigt auch der Vorsitzende ein, und die Taxis setzen sich in Bewegung.

Während der Fahrt sagt Luise Metzger: »So schön der abgelegene Platz unseres Heimes ist, heute wär' es gut gewesen, wenn wir Nachbarn gehabt hätten.«

»Bald seid ihr hier abends nicht mehr allein«, antwortet Boltz, »das neue Bürgerhaus bringt Leben.«

Nach einer Weile meint Rentnerin Martha: »Mir war das heute lebendig genug. Wo gibt's denn in unserer Zeit noch Nachbarschaftshilfe?«

– – – –

Der Autoabstellplatz hinterm Eisengittertor ist leer, und das ist für Ulrich Boltz ein untrügliches Zeichen dafür, daß Frau und Tochter noch nicht zu Hause sind.

»Drei Uhr vorbei«, knurrt er, »und noch immer sind sie bei dem Griechen.«

Er schließt energisch auf, ersteigt das Obergeschoß des im Dorfkern der einst selbständigen Gemeinde Rothenheim gelegenen und stillos modernisierten ehemaligen Bauernhäuschens, setzt sich an den Tisch seines kleinen Arbeitszimmers, sucht die Telefonnummer des Unterbezirksvorsitzenden Heinz Dörrstein, wählt und muß sehr lange warten, bis sich eine schläfrige Frauenstimme meldet: »Ja, Architekturbüro Dörrstein.«

»Entschuldigen Sie«, sagt Boltz, »ich muß ganz dringend Ihren Mann sprechen. Ich bin Ulrich Boltz, der Vorsitzende des Ortsvereins Rothenheim.«

»Muß das unbedingt sein?« lautet die vorwurfsvolle Rückfrage.

»Verzeihen Sie«, stammelt Boltz, »aber es ist ganz, ganz dringend.«

Nach einigen Minuten meldet sich Dörrstein: »Was ist denn los, Ulrich, bist du verrückt?«

»Heinz, du mußt es sofort wissen«, beginnt Ulrich seinen Lagebericht. »Wir hatten doch am Samstag im AW-Heim unser Parteifest, wo du auch hinkommen wolltest. Gegen Mitternacht, wir waren nur noch wenige, überfiel uns eine Gruppe von jungen Neonazis. Es gab Verletzte. Ewald Huber und Wilma Grünewald haben arge Blessuren und liegen im Krankenhaus. Im Saal haben die Schläger wüst gehaust, konnten aber flüchten, bevor die Polizei kam.«

Eine Pause entsteht und Boltz forscht: »Hörst

du noch, Heinz?« Der haucht: »Das ist ja entsetzlich.« Dann fragt er lautstark: »Bist auch du verletzt?«

»Nein, nein, ich war mal kurz weg, als es passierte. Dann gab es viel zu tun mit der Polizei, dem Notarzt und dem Abtransport unserer Leute ins Stadtkrankenhaus. Wir wußten alle nicht, wo uns der Kopf steht, sonst hätte ich dich längst verständigt.«

»Versteh ich gut, Ulrich, das ist ja unglaublich, was du mir da erzählst, das ist Landfriedensbruch.«

»Ja, Heinz, aber das sind die traurigen Fakten.«

»Und woher weißt du, daß es Rechtsradikale waren?«

»Sie haben Hakenkreuze an die Wände gesprüht, brutal auf uns eingeschlagen und ›Raus, ihr roten Schweine‹ gebrüllt. Das sagt doch alles.«

»Gut, nein, ganz schlecht ist das, was du mir berichtest. Ich weiß nun fürs erste Bescheid und schlage vor, du kommst morgen, was sage ich da, es ist ja schon Sonntag, also du kommst heute gegen zehn Uhr zu mir nach Hause und informierst mich umfassend.«

»In Ordnung, Heinz, das heißt, eigentlich wollte ich ja um diese Zeit unsere Verletzten im Stadtkrankenhaus besuchen.«

»Das machst du besser später.«

»Hast recht.«

»Wir brauchen dich auch am Montag um achtzehn Uhr in der Unterbezirksvorstandssitzung. Zu dem Überfall müssen wir ja eine scharfe Presseerklärung abgeben. Möglicherweise machen wir sogar eine Pressekonferenz. Die Regierung muß endlich etwas unternehmen gegen diese Rechtsradikalen. Wo kommen wir denn sonst hin? Das ist doch ungeheuerlich, daß wir nicht mal mehr ungestört unsere Parteifeste feiern können!«

»Ist gut, Heinz, kannst dich auf mich verlassen. In die Vorstandssitzung muß ich aber noch einige Genossen mitbringen, die meine Angaben ergänzen.«

»Keine Frage, Ulrich, wir benötigen ja einen umfassenden Bericht über den Vorfall.«

»Den werden wir euch geben.«

»Also auf bald, Ulrich, schlaf jetzt schneller, Genosse!« Mit einem »Gute Nacht« beendet der Unterbezirkschef das Gespräch.

»Der kann gut gute Nacht sagen«, denkt Ulrich Boltz.

Er fühlt sich hellwach. Voller Ungeduld erwartet er die Heimkehr von Frau und Tochter.

Die beiden sollen was zu hören kriegen, denn Ulrich Boltz will jetzt endgültig Klarheit haben über diesen Griechen, will wissen, woran er ist.

Aus seiner Aktentasche kramt er die Gallentabletten hervor, geht ins Badezimmer, nimmt zwei mit einem Schluck Wasser und begibt sich an seinen Tisch zurück, setzt sich und wählt noch eine Telefonnummer.

Nach langem Warten ruft er: »Steffi, bist du's? Hier ist Ulrich, ich wollte nur hören, ob du mit der Kasse gut nach Hause gekommen bist?«

»Und deshalb weckst du mich auf? Kannst wohl nicht schlafen?« fragt sie mürrisch und legt auf.

Das »Nein« des Vorsitzenden hat sie nicht mehr gehört.

Eine Erfolgsausgabe der

ANDEREN BIBLIOTHEK

Gustav Radbruch · Heinrich Gwinner

Geschichte des Verbrechens

Versuch einer historischen Kriminologie
Mit einem Strafregister von Günter Güldemeister

»Ein aufregendes Buch.
Aufregend wegen seines Inhalts und
wegen der Art der Darstellung.«
Helga Einsele, Buch-Journal

EICHBORN VERLAG

EICHBORN
HANAUER LANDSTRASSE 175 · 6000 FRANKFURT 1